大キライな あなたも だいじょうぶ！

新沢としひこの
かならず弾けちゃう！
ピアノ伴奏譜

超カンタン ミラクル ピアノ レッスン

弾いて歌って Enjoy 音楽保育

著・ピアノアレンジ／新沢としひこ

CONTENTS

この本の見方・使い方 003

序章1 まずはここから読んでね！
超カンタン ミラクルピアノレッスンの秘密 004

序章2 超カンタン ミラクルピアノレッスンの実践
実際に弾いてみよう！『いっぽんばし にほんばし』『メリーさんの羊』『ロンドン橋』 008

コードが2〜3個だけ！超カンタン！

- なかよくしてね 弾くときのポイント 012
- ぎゅうぎゅうともだち 弾くときのポイント 014
- ほっぺ ほっぺ 弾くときのポイント 016
- モミモミマッサージ 弾くときのポイント 020
- トマトたいそう 弾くときのポイント 024
- きみといっしょに 弾くときのポイント 028
- クリスマスのうたがきこえてくるよ 弾くときのポイント 030
- ふうせんくんの ぼうけん 弾くときのポイント 034
- ふたりはなかよし 弾くときのポイント 038
- ひつじたちのヨーデル 弾くときのポイント 042
- サンタクロースはどこだ 弾くときのポイント 046
- それはすばらしい夏のある日 弾くときのポイント 050
- ハッピーチルドレン 弾くときのポイント 054

コードが4〜5個でもっと楽しくなる！

- ことりのように 弾くときのポイント 060
- ネコのトラック 弾くときのポイント 064
- ともだちになるために 弾くときのポイント 068
- アニマルスイミング 弾くときのポイント 072
- うれしいがいっぱい 弾くときのポイント 076
- カッパがわらう 弾くときのポイント 080
- キラキラがいっぱい 弾くときのポイント 084
- かめの遠足 弾くときのポイント 088
- スマイル 弾くときのポイント 092
- ぼくたちのうた 弾くときのポイント 096

コードが6個以上で世界が広がる！

- げんきげんきマーチ 弾くときのポイント 102
- もうすぐりっぱな1年生 弾くときのポイント 106
- ともだちになりたいときは 弾くときのポイント 110
- はじめの一歩 弾くときのポイント 114
- しずかなクリスマス 弾くときのポイント 118
- 一年生マーチ 弾くときのポイント 122
- にじ 弾くときのポイント 126
- パワフルパワー 弾くときのポイント 130
- 世界中のこどもたちが 弾くときのポイント 134

| コード一覧 ……… 140 | 基本的な音楽記号 ……… 142 |

- ① 弾きやすくアレンジする …… 033
- ② 楽譜を暗記せずに目の前のコードを弾く …… 049
- ③ コード進行をマスターすると演奏がカンタンに！ …… 057
- ④ ひざ太鼓 …… 058
- ⑤ ミュージシャンのつもりでノリノリで弾く！ …… 071
- ⑥ 適当なおまじないでリズムを取る …… 095
- ⑦ ピアノは人間が弾きやすいようにできている！ …… 100

 …… 138

- その① 体でコードを覚えよう
- その② 楽譜の色分けに注目しよう！何かが見えてくるよ！
- その③ 右手と左手バラバラなら弾けるけど、いっしょにするとできない…という人へ
- その④ イヤだと思ったら弾かない！？
- その⑤ ピアノと友達になろう！

この本の見方・使い方だよ

この本だけのオリジナル ミラクル カラー楽譜をご紹介！

次のページでこの本での **弾き方の秘密** がわかります。必ず読んでね！

ピアノくん

コードの数が①2〜3個②4〜5個③6個以上の3つのくくりで分けています。

コードごとに楽譜に色を入れています。

その曲に出てくるコードを紹介しています。音符はその曲中で主に出てくる押さえ方の例を示しています。

伴奏の中でポイントとなる部分に囲みを入れています。次または隣のページで解説しています。

のマークのあるところから伴奏を弾けば、イントロがわりになります（もともとイントロのある曲にはこのマークはありません）。

序章1 まずはここから読んでね！
超カンタン ミラクル ピアノレッスンの秘密

ピアノが大嫌いなあなたへ
〜魔法のようなピアノレッスン！

　ぼくは高校1年生のときにピアノを習い始めました。ところが、**自分の意志で始めたのにすぐに嫌いになってしまいました。とにかく楽譜とぜんぜん仲よくなれなかったのです。**先生の言うとおりに一生懸命楽譜を眺めても、五線上に散らばった複雑なオタマジャクシにしか見えず、手元の鍵盤となかなかリンクしてくれませんでした。

　「この音は下から2番目の線上にあるから…」と目で見て、その信号が頭の中をグルグル通って、やっとこさ指にたどり着いているような、もどかしい気持ちでした。逆に、小さいころからピアノを習っていた人は、初見で難しい楽譜を何も考えないでスラスラ弾くことができ、うらやましく感じていました。

　そんなぼくに革命的な出来事が…!! 高校の友人に、ギターを教わっていたときのこと。**「ギターは、コードで弾くんだ。だから、コードの弦の押さえ方を覚えればいいんだよ。この歌は、4つのコードしか出てこないから、押さえ方も4つ覚えるだけで弾けるんだ！」**と言うではありませんか。ギターはなんと手軽なんでしょう！

　「へえ〜、ピアノにもコードがあったらいいのにな〜」と、ぼくがつぶやくと…。
　「何言ってるの？ ピアノにもコードはあるんだよ」「えっ!!??」
　ぼくはそれから、友人から「C」は「ドミソ」、「F」は「ファラド」など、簡単なコードを習い、それをピアノで試して弾いてみました。
　「なんだ、そうか！ ピアノもこうやって弾いたらいいんだ！」
　ぼくは **ピアノを弾くのが大好きになってしまいました。**
あのままバイエルを習うだけだったら、きっと嫌いになっていたでしょう。

　残念ながら、ぼくは **今も楽譜が大の苦手です。でもピアノを弾くのは大好きです。**
　「楽譜は難しくてつまらないよ〜。ピアノがちっとも好きになれないよ〜」という人、たくさんいると思います。この本の方法なら、とっても簡単です。いろいろな歌を、コードを見るだけで、すぐに伴奏できるようになります。
　だまされたと思って、まずピアノの前に行ってみてください。そしてふたを開けましょう。そうすれば、あなたの前に新しい音楽の世界が広がっていきますよ！

新沢としひこ

次のページからこの本の秘密を説明していきますね。

まずはここから読んでね！
超カンタン ミラクルピアノレッスンの 秘密

秘密1 ピアノを打楽器と思ってごらん！
打楽器でリズムを取るように弾けばいいんだよ！

難しいメロディーは右手で弾かず歌声で。右手は和音を押さえるだけ！しかも左手は単音！

　ピアノ伴奏というと、右手で歌のメロディー、左手で和音を弾くのが定番かと思います。でも、それだと右手の指をたくさん動かすので、難しいですよね。この本では、その弾き方はやめにします。ピアノでは両手でコードを打楽器みたいにジャンジャン弾くだけで、メロディーは歌声。それでとても簡単な伴奏になりますよ。

秘密2 楽譜に色がついているから、音符を読むのが苦手でも弾けるんだよ！

コードごとに色分けされているから、同じ色のところは同じように弾けばいいんだ！

　この本を見て、すぐに気づいた人もいると思いますが、この本の楽譜には色がついているんです。そう！次に説明するコードごとに色分けしているんです。だから、同じ色のところは同じように弾けばいいだけです。ほらね、簡単そうでしょ？楽譜が苦手な人は、色だけ見るのもいいですね。

次のページでコードのことが具体的にわかるよ！

秘密 3 　コードっていう和音で弾くよ！
これが最大のポイント!!
これをコード奏法っていうんだ！

楽譜の上にある記号がコードだよ！

楽譜の上を見てみると、**C**とか**G₇**とか**Fm**とかアルファベットの記号がありますね。これがコード。その部分に弾く和音を表しているんです。

コードの仕組みを簡単に説明すると…

まず、ぼくたちが一般的に言っている**ドレミファソラシ**の単音を英語で表すと
ド＝C　レ＝D　ミ＝E　ファ＝F　ソ＝G　ラ＝A　シ＝B
というぐあいになります。これは覚えておきましょう。よく見たら、アルファベットのA〜Gの順番で並んでいますね（**ラシドレミファソ**の順で見てみて！）。

コードというのは、その**C**とか**F**とかの音をベースにした和音のことなんです。例えば**C**のコードであれば、**ド**の音をベースにした和音**ドミソ**、**D**のコードであれば、**レ**の音をベースにした和音**レファ♯ラ**ということなんです。

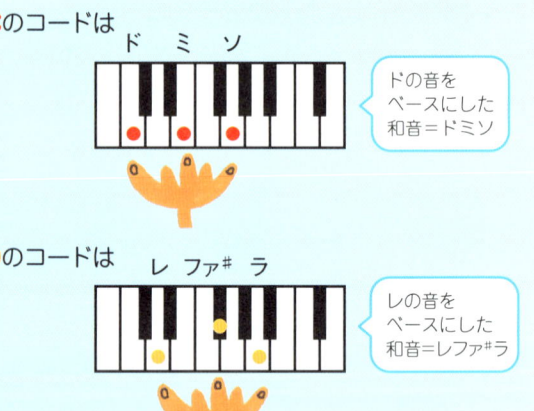

Cm（シー・マイナー）みたいにマイナーが付くと、暗い響きになるよ。でも、**C**をベースにした和音であることは変わらないよ！

〈練習用鍵盤〉　実際のピアノの鍵盤とほぼ同じ幅にしています。たくさん練習してみてください。

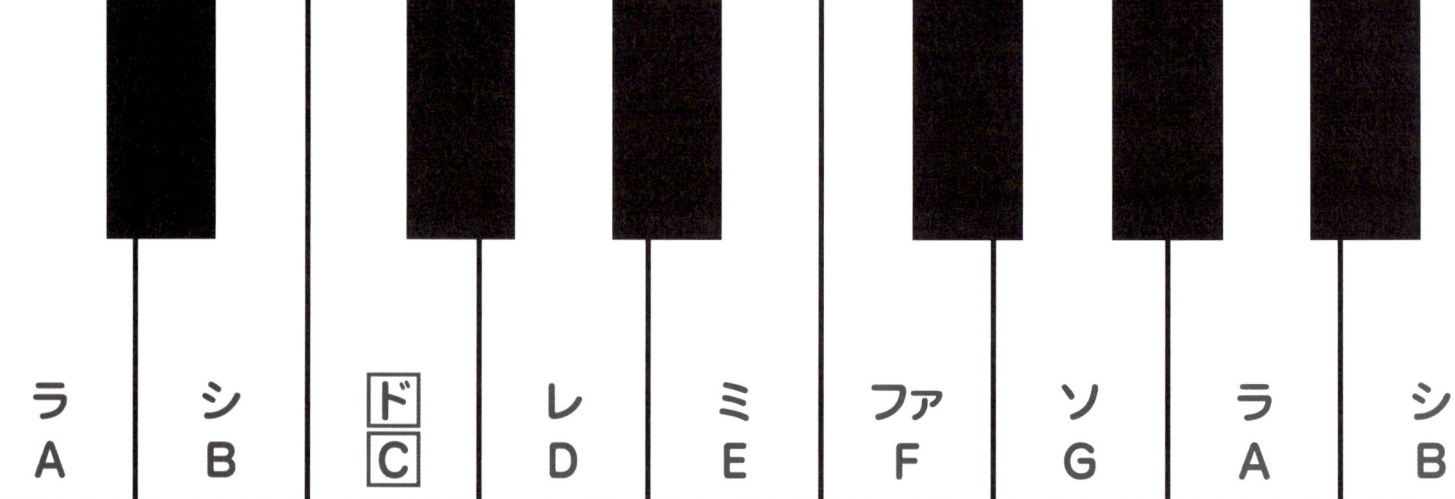

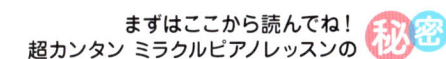

まずはここから読んでね！
超カンタン ミラクルピアノレッスンの㊙

コードで弾く、コード奏法っていうのは…

左で説明してきた、楽譜の上のコードを読み取って、そのコードの和音を弾いていくことをコード奏法といいます。例えば**Cと書いてあったらドミソを弾けばいい**、単純にいえばそういうことで、慣れてくるととても便利。ドとミとソであればミソドでもソドミでも順番は何でもOK（P.10へ）。**左手はコードのベース音（Cならド）、右手は和音（Cならドミソ）**を押さえておけば、基本的にはオッケーです。

コードを読めるようになると、楽譜の苦手な人でもどんどん簡易伴奏ができるようになるよ。だから、ピアノが苦手な人には、とてもありがたい記号なのです。それじゃあ次のページで実際に弾いてみてくださいね

よく出てくるコードの押さえ方例です。下の鍵盤のイラストを利用して、C→F→Gなどと何度も押さえる練習をしてみてくださいね。

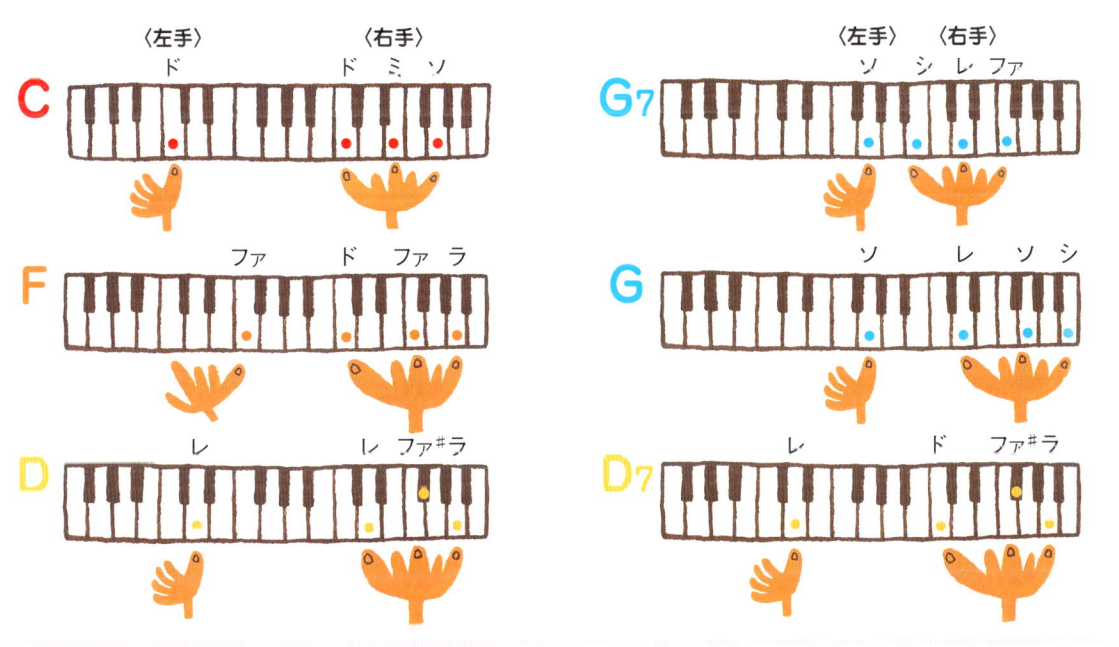

この本に出てくるコードはP.140-141に紹介していますので、そちらも見てみてくださいね。

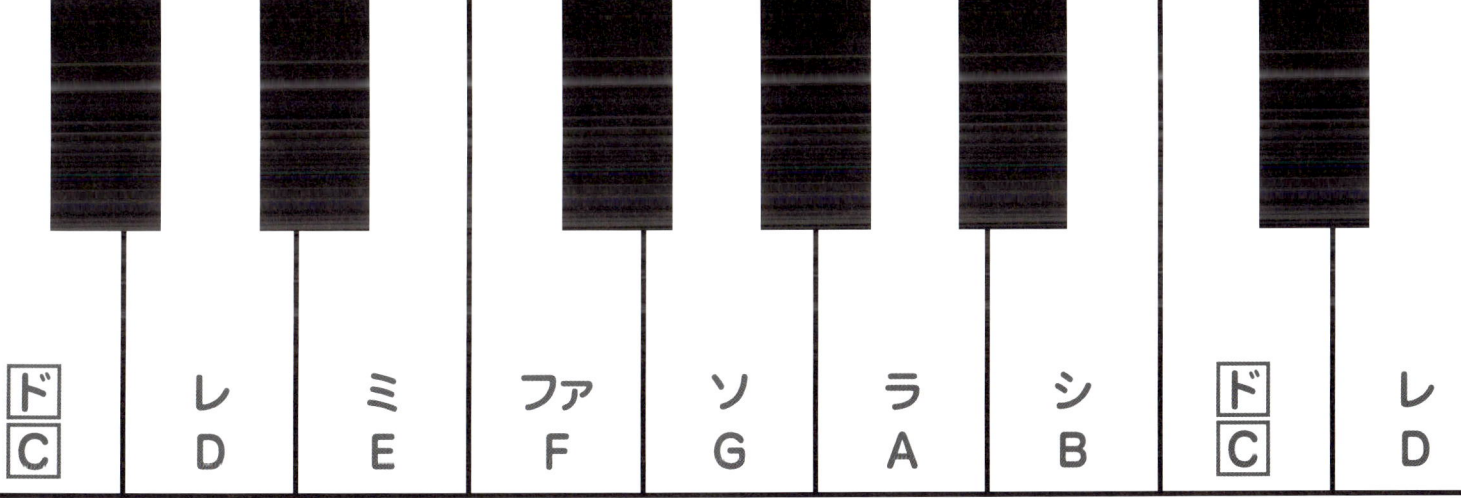

序章2 超カンタン ミラクルピアノレッスンの実践 実際に弾いてみよう!

レッスン課題曲
このレッスンの秘密はわかりましたか? 今度は実際に曲を弾いてみましょう。

いっぽんばし にほんばし／メリーさんの羊／ロンドン橋

ここであげる課題曲は、なんと3曲も! でも、ご安心を。実は、すべて伴奏は同じなんです。これが、超カンタンミラクルピアノレッスンのすばらしいところ。3曲とも2つのコードしか使ってないのですよ。これから詳しく見ていきましょう。

実践1 楽譜の色とコードを見てみよう!

まずは、右ページの3曲の楽譜の色をよく見てみましょう! ピンクと水色の2色だけですね。そのまま楽譜の上のアルファベットも見てみると……ピンクのところはC、水色のところはG7となっていますね。これが、このレッスンの色つき楽譜の仕組み。コードごとに色分けされているっていうことなんです。

ということで、ここでは3曲ともCとG7の2つのコードしか使いません。しかも、2つのコードを使うタイミングも同じ。C C G7 Cの繰り返し、こんなことも色つき楽譜だとすぐにわかりますね。

実践2 CとG7のコードを覚えよう!

出てくるコードがわかったら、そのコードを覚えてしまいましょう!

❶ **C** といえばー
左手は**ド**
右手は**ドミソ**

❷ **G7** といえばー
左手は**ソ**
右手は**シレファ**

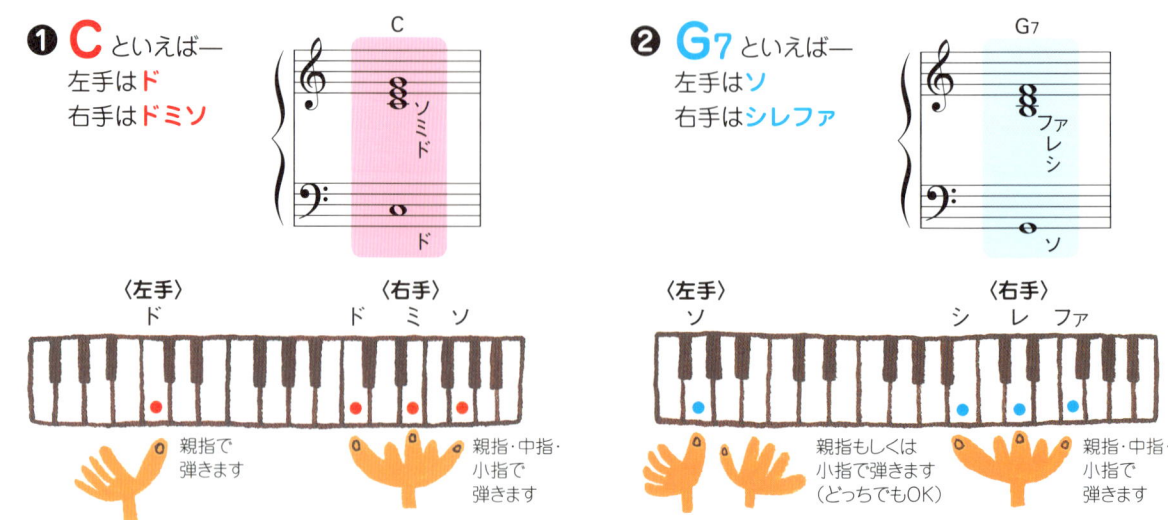

覚えましたか? いよいよ実際に鍵盤を弾いてみましょう!(P.10へ)

いっぽんばし にほんばし

作詞・湯浅とんぼ／作曲・中川ひろたか

メリーさんの羊

アメリカ民謡／訳詞・不詳

ロンドン橋

イギリス民謡／訳詞・不詳

伴奏は3曲ともコレ!!

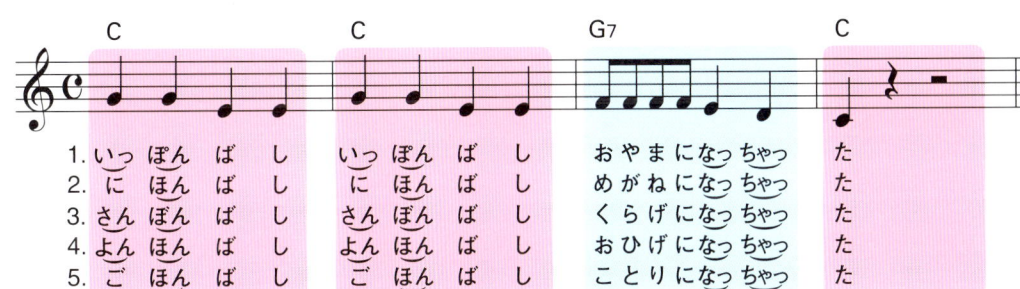

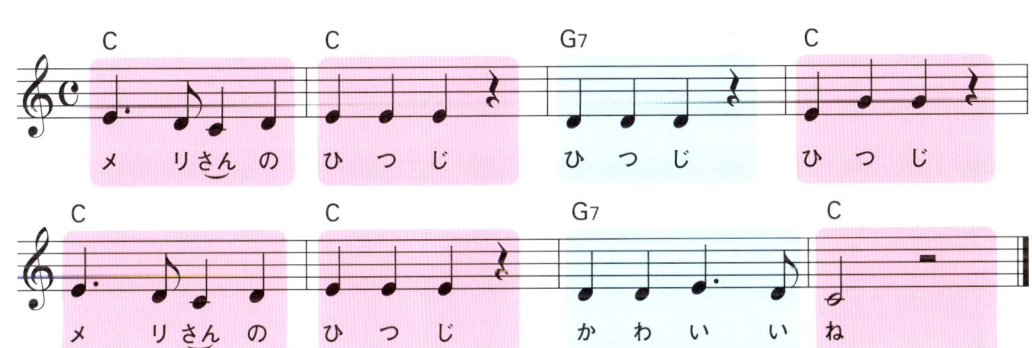

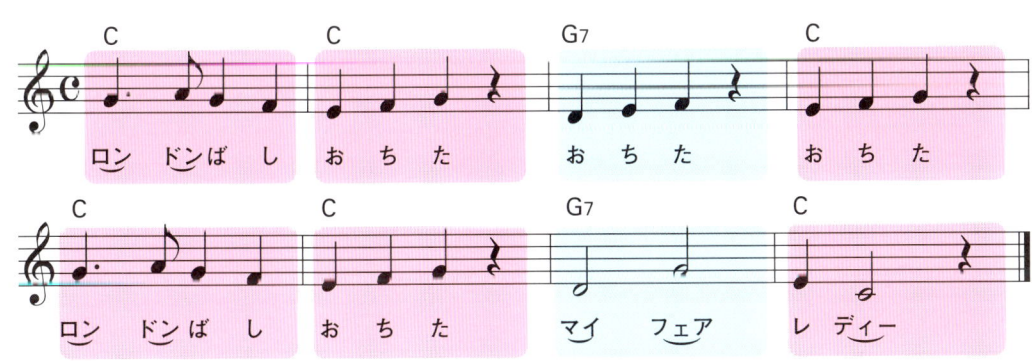

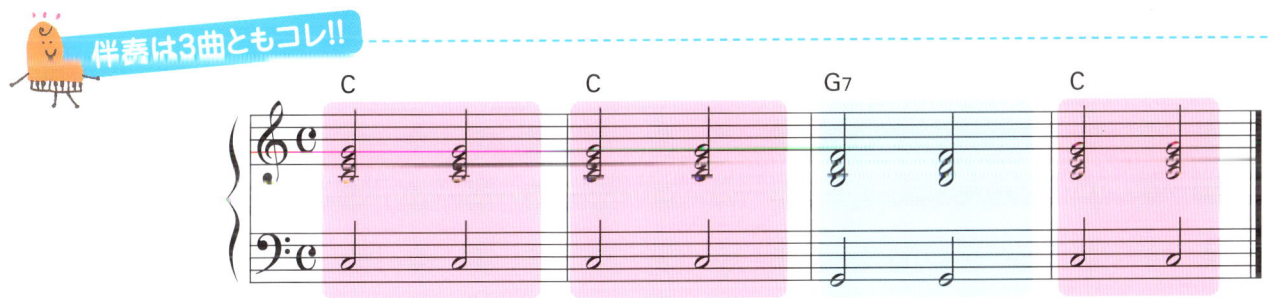

実践 3 両手で太鼓みたいに鍵盤をたたくつもりで弾こう！

さあ、弾くときがやってきました！ 前のページで覚えた **C** と **G₇** のコードの音を楽譜の色に合わせて思い切って弾いてみましょう！ ここで大事なことは、弾きながら歌うということ。そう、このレッスンでは、メロディーは声なんです。難しくないから安心して！ 右手と左手を同時に **ダーン ダーン** って太鼓みたいに鍵盤をたたくつもりでいればいいんです。

3小節目で **C** から **G₇** に変わります。そして、4小節目で **G₇** から **C** に戻ります。この指の移動だけが課題です。繰り返し弾いてみましょう。

ね！ 思ったよりカンタンだったでしょ？

リズムを変えたり、音の順番を変えたりしてもOK！

このコードを弾く弾き方は、覚えることが少ないのに曲が弾けてしまう、ピアノが苦手な人にとってうれしいことがたくさんです。

また、コードっていうのは、**音さえ覚えてしまえば音の順番は変えてもオッケー**。例えば **C** のコードだったら、**ドとミとソ** を押さえていればいい。つまり、**ミソド** になっても **ソドミ** になってもいいんです。それに、今回は両手いっしょに **ダーン** って弾いたけど、**ブン（左）チャ（右）ブン（右）チャ（右）** と右手と左手でリズムを変えたり（①）、**ソミソドミドソミ** などと音をばらして弾いたり（②）することもできますよ。だから、慣れてきたら一気に音の世界が広がって楽しくなります。

これから、こんな伴奏もいっぱい出てくるけど、これもコードを弾いているんだよ。使っている音はコードの音でしょ！？ いろいろな表現ができるね

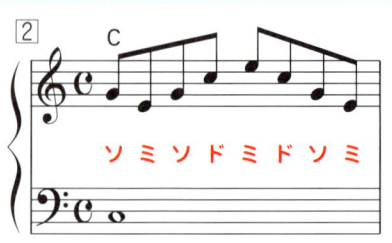

これから先では、そんなことを取り入れながら紹介していきます。実際に弾きながら、楽しさを感じることができるはずです。ピアノが苦手でももうだいじょうぶですよ！ いっしょにがんばりましょう！

これから先ではボクが大切なことを言っていくね！

コードが **2〜3個だけ!**
超カンタン!

ヤッタ！カンタン！

少しのコードで弾けちゃう、超カンタンな曲です。
怖がらずに楽な気持ちで弾いてみてくださいね。

〔掲載曲〕　　　　　は、子どもたちと歌いたい、だいたいの時期などの目安です。

- なかよくしてね　いつでも・新学期など …… 012
- ぎゅうぎゅうともだち　いつでも・新学期など …… 014
- ほっぺ　ほっぺ　いつでも・ふれあい遊びにも …… 016
- モミモミマッサージ　いつでも・ふれあい遊びにも …… 020
- トマトたいそう　いつでも・食育にも …… 024
- きみといっしょに　いつでも …… 028
- クリスマスのうたがきこえてくるよ　クリスマスに …… 030
- ふうせんくんの　ぼうけん　いつでも …… 034
- ふたりはなかよし　いつでも …… 038
- ひつじたちのヨーデル　いつでも・運動遊びにも …… 042
- サンタクロースはどこだ　クリスマスに …… 046
- それはすばらしい夏のある日　夏の時期に …… 050
- ハッピーチルドレン　いつでも …… 054

なかよくしてね

作詞・作曲／新沢としひこ

　1曲目は、コードを2つ覚えるだけで簡単に弾けちゃう、超基本の弾き方からお送りします。だから、苦手な人も安心して挑戦してみてくださいね。この本は、とにかくピアノや楽譜が苦手、でも弾かないといけない…、という人の味方ですよ！

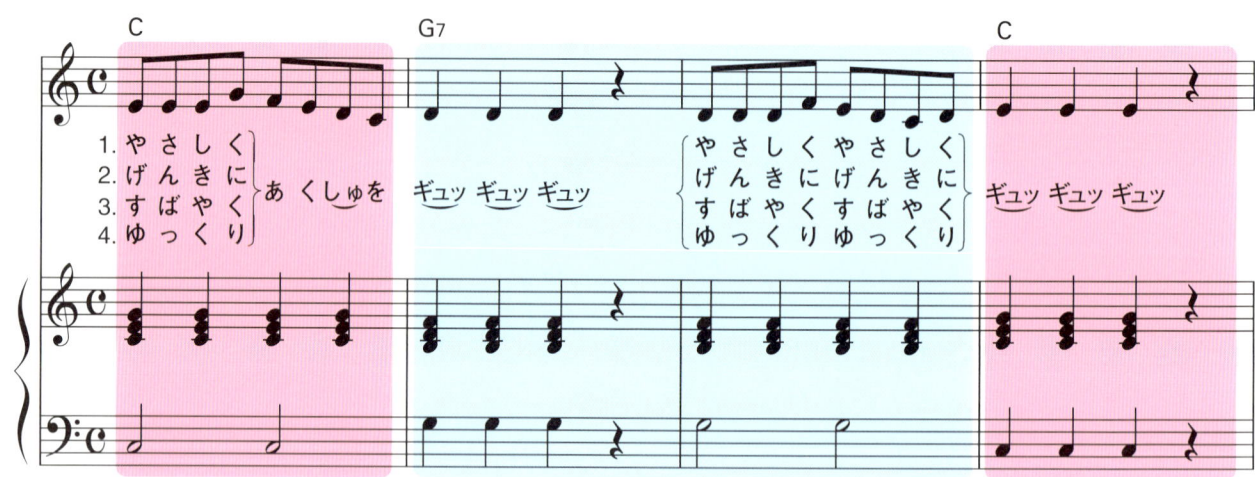

© ASK MUSIC Co., Ltd.

 出てくるコード **C・G7**

コードごとに色分けしているよ！
楽譜の色と同じ色のコードを弾こう！
押さえ方の例です

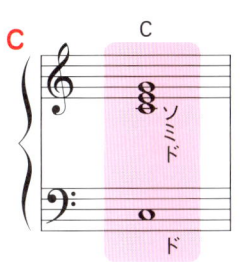
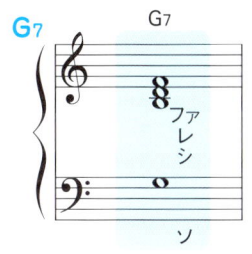

上達のポイント！

簡単なあそび歌です。とにかく**C**（左手：**ド**　右手：**ドミソ**）と**G7**（左手：**ソ**　右手：**シレファ**）しか弾きません。ですので、これだけは覚えましょう。

ポイント1　**CとG7のコードを覚えよう**

❶ **C** 左手が**ド**、右手が**ドミソ**を弾きます。

❷ **G7** 左手が**ソ**、右手が**シレファ**を弾きます。

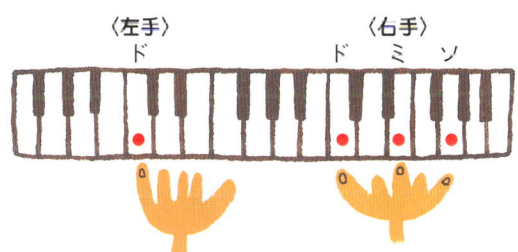

ポイント2　**左手だけの練習**

　ピアノがとても苦手な人、最初は左手だけの練習をしましょう。**ド**と**ソ**しか出てこないので簡単ですね。**ドードー｜ソソソ♪｜ソーソー｜ドドド♪｜**
このフレーズを弾きながら右手は何もせず歌ってみましょう。それが「弾き語り」の最初です。慣れてきたら、右手も合わせて弾いてみましょう。右手は
ジャン ジャン ジャン ジャン｜ジャン ジャン ジャン ♪｜と弾きます。

ぎゅうぎゅうともだち

作詞・作曲／新沢としひこ

ぼくが講習会などでよくする、とても簡単なあそび歌です。友達とたくさんふれあって遊んでください。この曲は、なんとほとんどワンコード！ 大半がGのコードですので、気楽に弾いてみましょう。

ここだけ#が付きます

イントロを弾くときはココから

© ASK MUSIC Co., Ltd.

 出てくるコード **G・D7**

 コードごとに色分けしているよ！
楽譜の色と同じ色のコードを弾こう！
押さえ方の例です

ソまたはレ

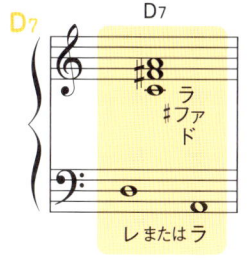
レまたはラ

上達のポイント！

ト長調の歌なので♯が1つ出てきますが、覚えるコードはGとD7の2つだけ。メロディーの付点のリズムに合わせて弾きましょう！

ポイント ❶ GとD7のコードを覚えよう

❶ G この曲のほとんどがGです。
Gには♯の付く音は出てきません。

❷ D7 ファの♯がありますが1か所しか出てきません。
怖がることはありませんよ。

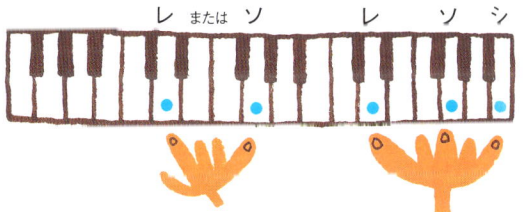

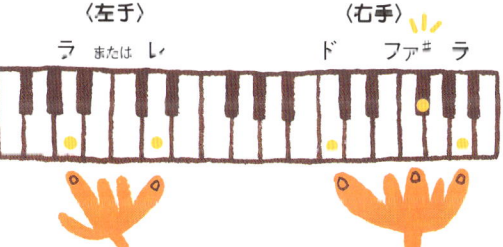

ポイント ❷ リズムバリエーション

付点があるからリズムが難しそうに見えるかもしれませんが、メロディーのリズムに合わせて **ブン チャ ブン チャ**…と左右交互に弾くだけです。後半2小節で少しだけ右手の弾く回数を増やしましたが、全部前半のままで弾いてもかまいません。

楽譜の♭や♯の隣に♯（シャープ）があります。この♯や♭、嫌いな人多いですね。黒鍵が出てくる印ですから、嫌いになるのも当然です。でも、全部白い鍵盤だけで弾くハ長調ばっかりで演奏するわけにもいきませんよね。
クラスに初めて転校してきたファ♯くんを、温かく迎え入れてあげましょう！ 和音の響きも広がります。

015

ほっぺ ほっぺ

作詞・作曲／新沢としひこ

ほっぺを触りながら歌って楽しむこともできる楽しい曲です。簡単な伴奏パターンを3つ紹介します。リズムに合わせてスムーズに指が動くようになったらGOOD！

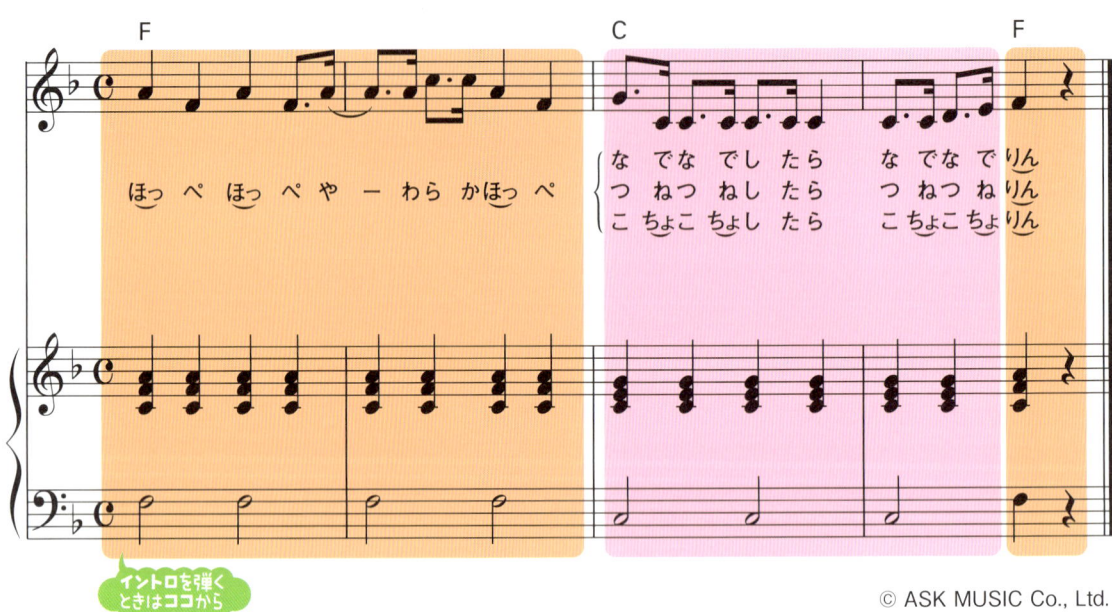

© ASK MUSIC Co., Ltd.

 出てくるコード **F・C**

 コードごとに色分けしているよ！
楽譜の色と同じ色のコードを弾こう！
押さえ方の例です

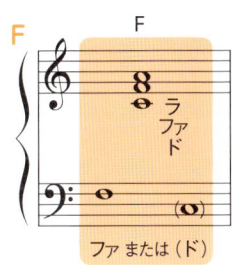
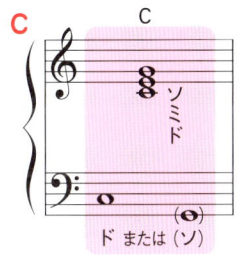

上達のポイント！

この曲もFとCのコードが2つなので簡単！ だから、次のページに伴奏パターンをあと2つ紹介します。左手の音が1音ずつ増えて少し難しくなりますが、曲の楽しさも増してきますから、ぜひ挑戦してください。

ポイント❶ FとCのコードを覚えよう

❶ F 左手は**ファ**、右手は**ドファラ**を弾きます。　　**❷ C** 左手は**ド**、右手は**ドミソ**を弾きます。

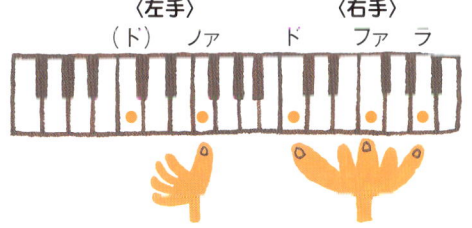
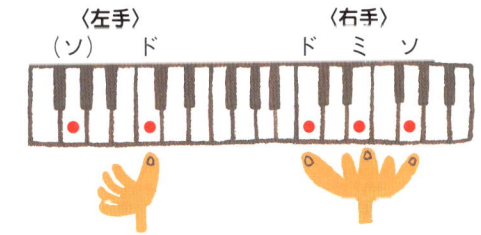

（　）の音は**伴奏パターンその2**（P.18～）から出てきます。

ポイント❷ 右手と左手のタイミング

右手を2回弾くのに対し、左手はゆっくり1回。そのセットを7回繰り返します。途中で**C**のコードに変わるから気をつけて。そうしたらエンディングです。エンディングはとっても簡単。**F**のコード（右手：**ドファラ**、左手：**ファ**）を1回弾くだけです。

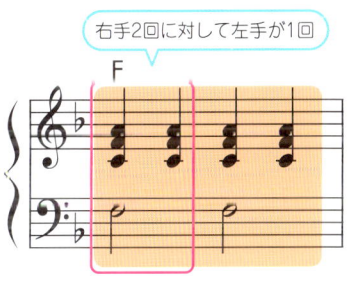

2つの伴奏パターンは次のページ →

017

ほっぺ　ほっぺ

伴奏パターン その2

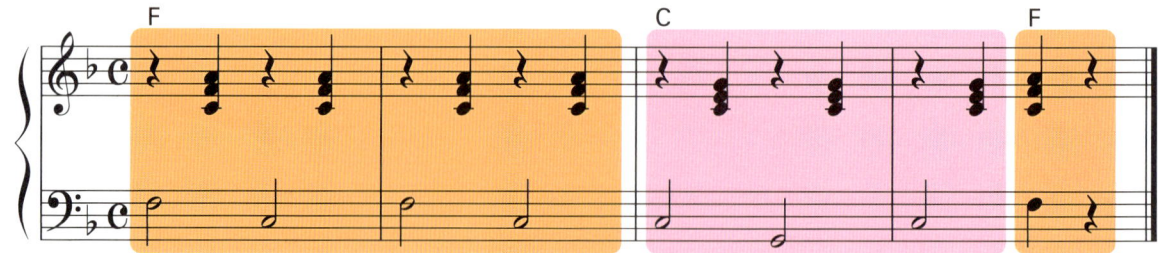

伴奏パターン その2 の弾き方のポイント

1 左手と右手を交互に弾く

左手が先に弾いて、その後を右手が追いかけるような形の伴奏です。右手は最初に紹介した伴奏と同じ音を弾きますから、怖がらないで弾いてみましょう。

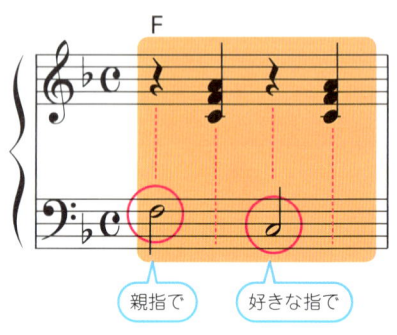

親指で　好きな指で

2 左手の音が移動

Fのときは**ファ**と**ド**、**C**のときは**ド**と**ソ**、という具合に、左手の音が加わります。音が移動することで、とたんに伴奏っぽくなりますから、ここはがんばりましょう。とても無理、という弱気な人は前の伴奏のように左手を動かさずに**ファ**を2回弾いてもよいですよ。でも慣れてきたら、**ファ ド ファ ド**と動かす練習をしてみましょうね。

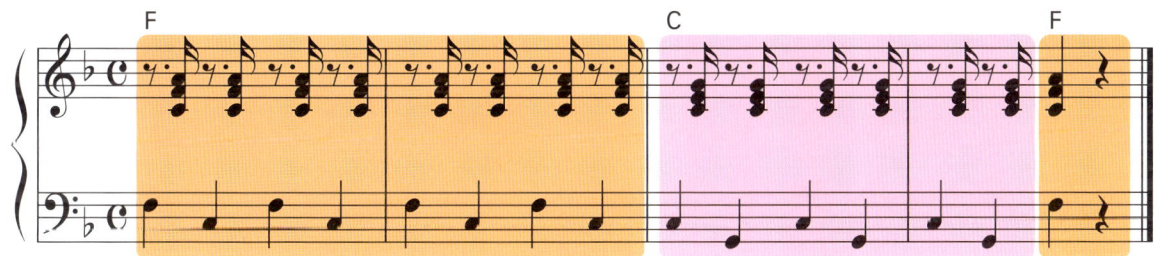

1 軽快なリズムにチャレンジ

伴奏パターン その3はその2を倍速で弾くイメージです。これができると、かなりじょうずな伴奏に聞こえます。最初はゆっくり弾いてみてください。焦らないで、ていねいに弾くことが大切です。

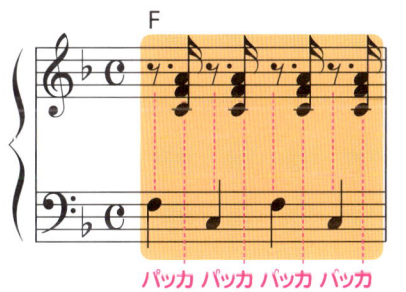

パッカ パッカ パッカ パッカ

休符に付点がありますので、ここのリズムはウマが **パッカパッカ** と走るように跳ねるように弾いてみましょう。両手で太鼓をたたくように、テーブルなどで練習してみます。左手が先、右手が後で、**パッカパッカ** と交互にたたいてみましょう。その要領でピアノも弾いてみます。できるようになると軽快な伴奏になりますよ。

モミモミマッサージ

作詞・作曲／新沢としひこ

楽譜の頭に♭が1つありますね。これはふつう、黒鍵を使う音が1つある、という印なわけですが、この曲はそれにもかかわらず「奇跡的」に黒鍵がぜんぜん出てこないとっても簡単な楽譜になっています！ 黒鍵嫌いの人もダイジョウブ！ 安心して挑戦してみましょう。

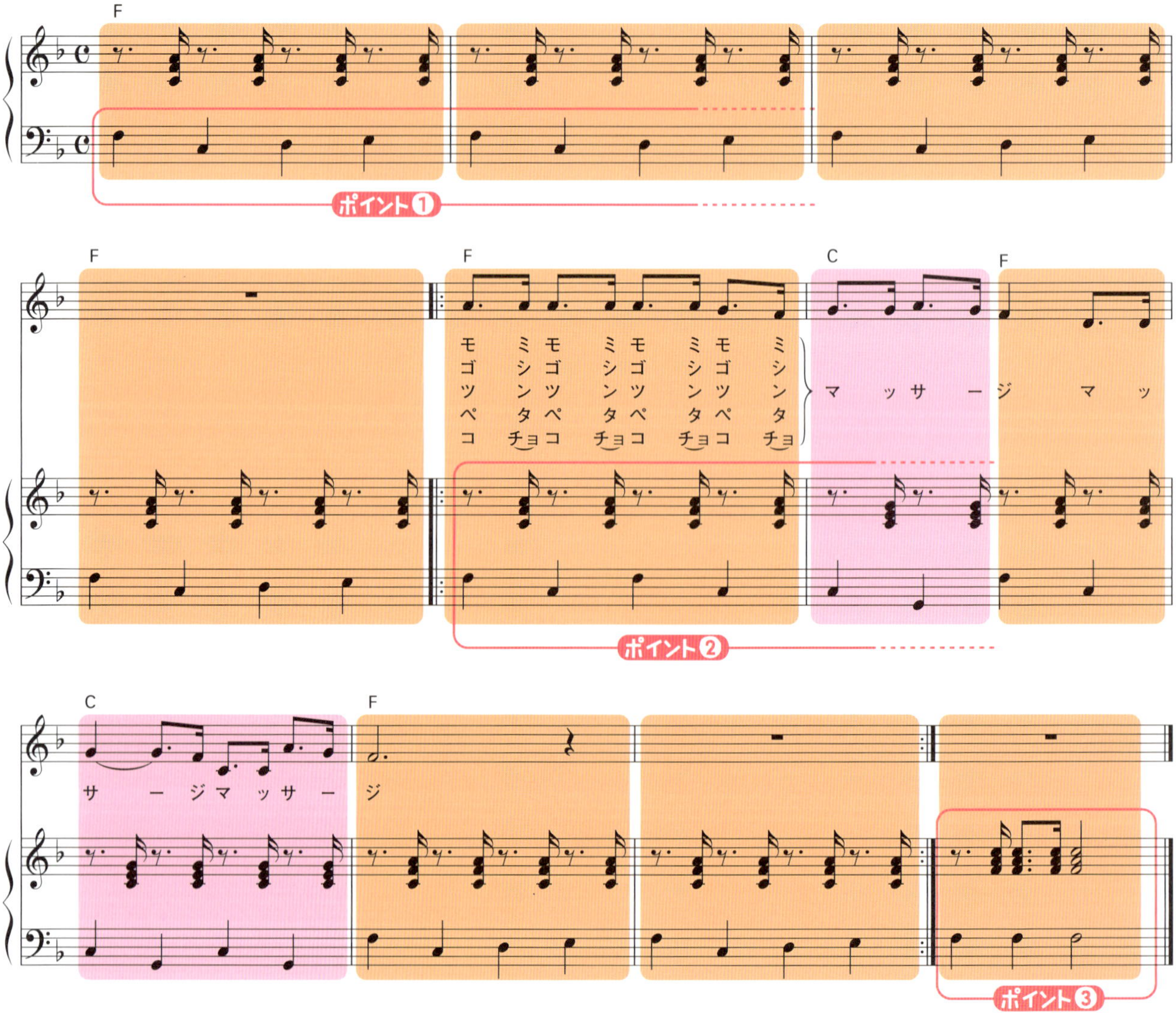

© ASK MUSIC Co., Ltd.

出てくるコード **F・C**

コードごとに色分けしているよ！
楽譜の色と同じ色のコードを弾こう！
押さえ方の例です

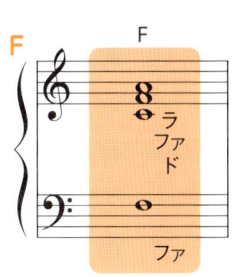
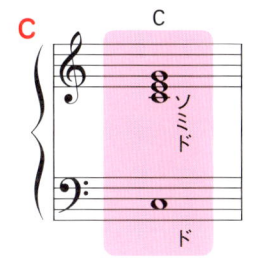

コードのおさらい

この曲は、**F**と**C**のたった2つのコード。
もうだいじょうぶかな。これだけは
絶対にマスターしましょうね

F（ド・ファ・ラ）
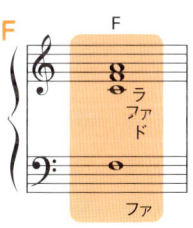
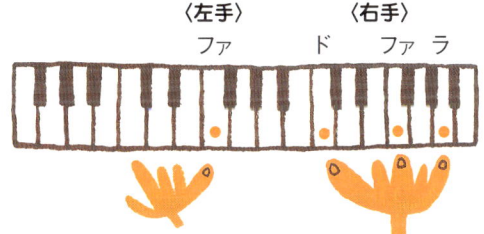

C（ド・ミ・ソ）

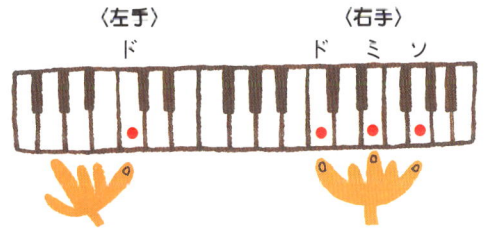

弾くときのポイントは次のページ ➡

モミモミマッサージ

上達のポイント！

左手の動きを多くしてみました。シンプルですが、伴奏がグッと華やかになりますよ。「指で覚える」まで練習するのがポイントです。

ポイント 1 左手を動かしてみよう！

ここでの課題は、なんといっても左手。多くの人は右利きで、左手を動かすのに難儀するものです。でも、左手で担当するのは、低音部（いわゆるベース）で、曲を支える非常に重要なパートです。つまり、動くのが不得意な左手の指たちに、重たい責任がかかっているわけです。左手パートは極力簡単に編曲していますので、そろそろ左手も動かしてみましょう。

前奏の部分は、**ファドレミ ファドレミ…** とずっと同じ動きを繰り返すだけです。ほら、簡単そうでしょ？ この機会にマスターしてしまいましょう！ あまり頭で考えず、指で覚えるというのが、ピアノ演奏では大切ですよ。

子どもたちが楽器の習得が早いのは、理屈を考えずにそのまま体で覚えてしまうからといわれています。大人は知識がある分、よけいなことを考えてしまいがちです。

繰り返すうちに、しぜんとあなたの指くんがそのフレーズを覚えていくのです。その感覚を、今回の左手の練習でつかんでみましょう。左手が動くようになってくると、ピアノもがぜん楽しくなってきますよ。左手が動きにくいのは、右利きの人ならだれでも同じ。ちょっとがんばって練習してみましょう。できるようになったら、そのがんばっているあなたの指くんを褒めてやってください！

ポイント2 リズムはメロディーに合わせて

リズムですが、付点が入っていて難しそう…と思った人がいるかもしれません。でも安心してください。すべて、メロディーと同じリズムですから、**パッカ パッカ…** とウマが走るような感じで、メロディーに合わせて弾けばいいだけですよ。

ポイント3 最後の小節

最後だけちょっと変えてみました。リズムなどは好きに変えていいですから、**ジャジャッジャジャーン** とはでに元気に弾いてみましょう。勢いさえあれば、そうかそういう編曲なんだ〜、と説得力が出るものです。間違いを恐れずに、積極的に弾くのも、上達の秘けつですよ！

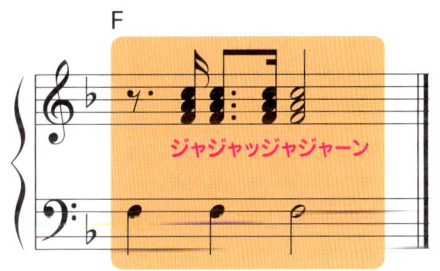

トマトたいそう

作詞・作曲／新沢としひこ

コードが3つ出てきますが、ハ長調で基本的な3コード（**C・F・G**）しか出てきません。しかも、いっさい黒鍵を使わずに弾くことができます。後半の左手はオクターブにしてみましたが、できそうな人は挑戦してみてください。

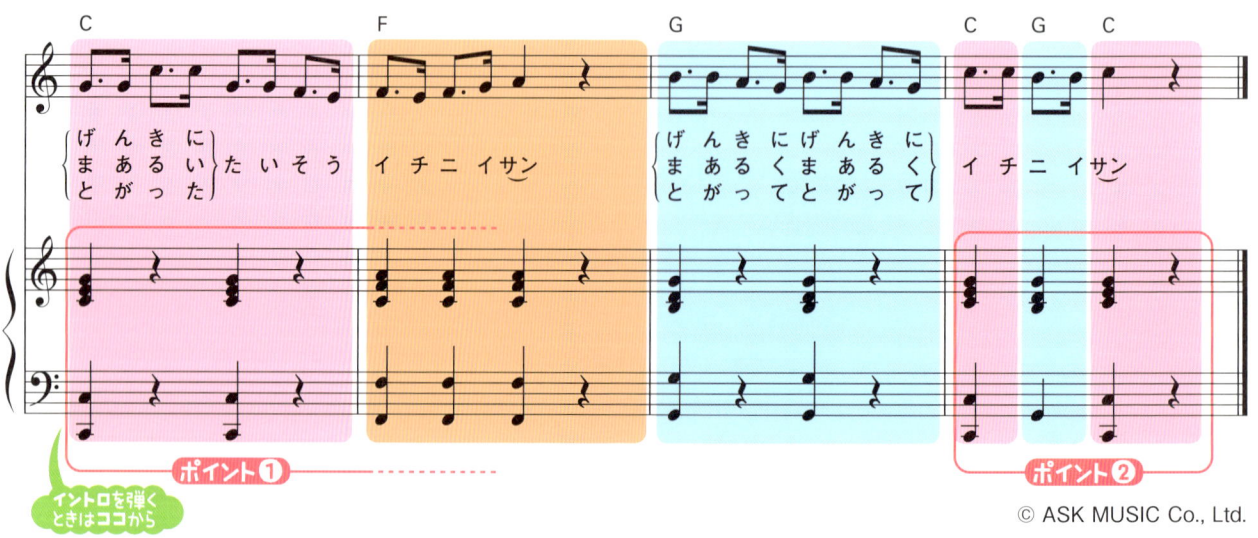

© ASK MUSIC Co., Ltd.

 出てくるコード **C・F・G**

 コードごとに色分けしているよ！ 楽譜の色と同じ色のコードを弾こう！ 押さえ方の例です

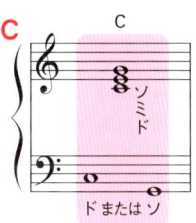

コードのおさらい

 この3つのコードはハ長調の主要3和音といって、ハ長調ではよく使うコードだよ！

1 C（ド・ミ・ソ）
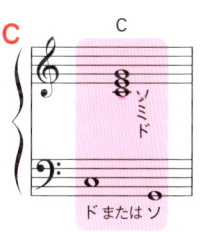
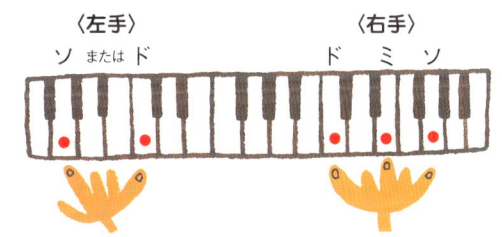

2 F（ド・ファ・ラ）
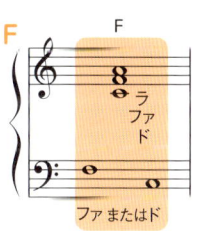
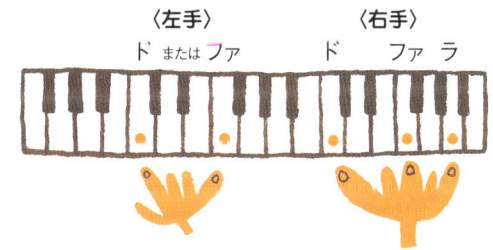

3 G（シ・レ・ソ）
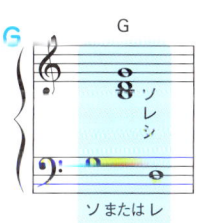
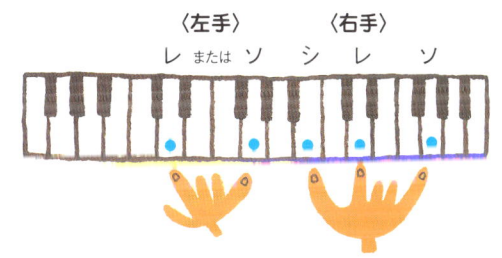

弾くときのポイントは次のページ →

トマトたいそう

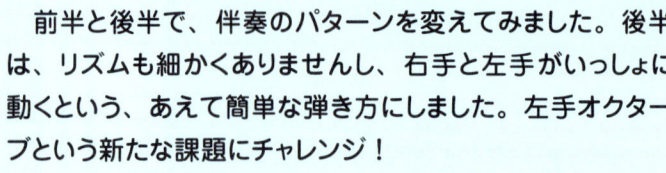

前半と後半で、伴奏のパターンを変えてみました。後半は、リズムも細かくありませんし、右手と左手がいっしょに動くという、あえて簡単な弾き方にしました。左手オクターブという新たな課題にチャレンジ！

ポイント① オクターブで低音に厚みを！

ピアノ伴奏の難しさというのは左手にカギがあります。左手が担当するのは低音部で、いわゆるベース音なわけです。ベース音というのは、音楽を支える基礎の部分で、非常に重要です。そこで登場するのが、オクターブ！

例えばドの音を弾くときに、1オクターブ下のドの音を同時に弾くというのが、ここでの課題です。鍵盤のイラストの弾き方をすることによって、低音部に厚みが増し、よりしっかりした伴奏になるのです。

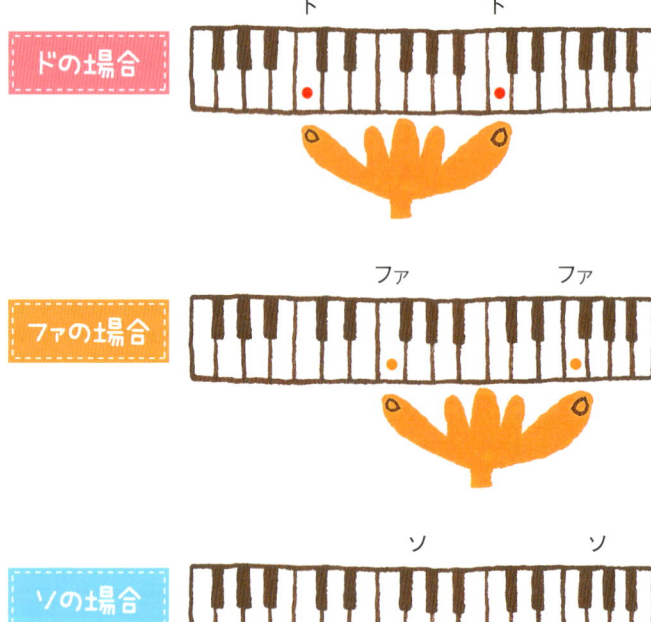

手の小さい人にとっては、なかなか難しいですが、オクターブで弾く感覚を身につけると、今後とても便利ですから、指を一生懸命開いて、伸ばして、がんばってみてください！

 最後はていねいに

　最後の小節だけほかとパターンが違います。でも肝になるところですからていねいに音符を拾って、まずは弾いてみましょう。左手の指の移動、右手のコードの移動がスムーズになるといいですね。ちょっと難しいのはここだけですから、ポイントを絞って、練習してみてください。繰り返すと楽になります！

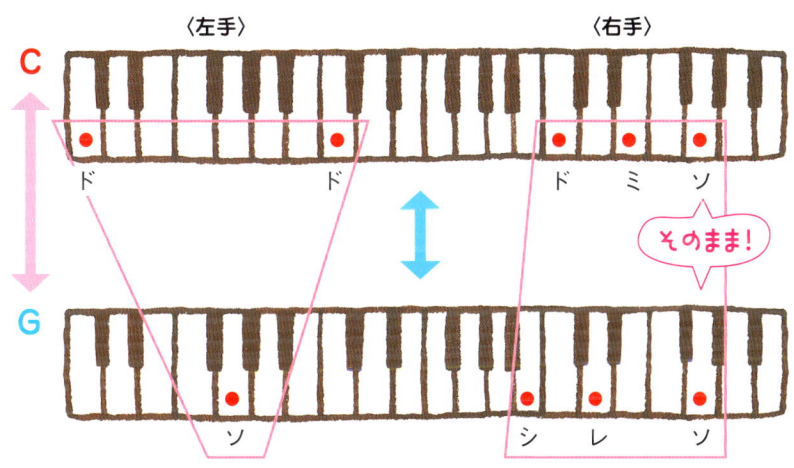

繰り返し練習して慣れよう！

　オクターブで弾くと、音の移動がなかなか難しいですね。苦手な人は、移動するところ（ドからファなど）を集中的に練習するといいかもしれません。繰り返すうちに慣れると思います。それを修行、鍛錬、などと考えるとつらくなってしまいます。そう考えず、ただ繰り返すと慣れるんだ、と考えましょう。そう、だんだん楽になるために、繰り返すわけです。もしも、繰り返して練習するのがつらいと思ったら、今日の練習はやめて、また明日やりましょう。ピアノとは気長に付き合うことです！

きみといっしょに

作詞・作曲／新沢としひこ

この曲は追いかけ歌になっています。慣れてきたら ♪きみと〜(きみと〜)いっしょに〜(いっしょに〜)♪と、追いかけて歌ってみましょう。

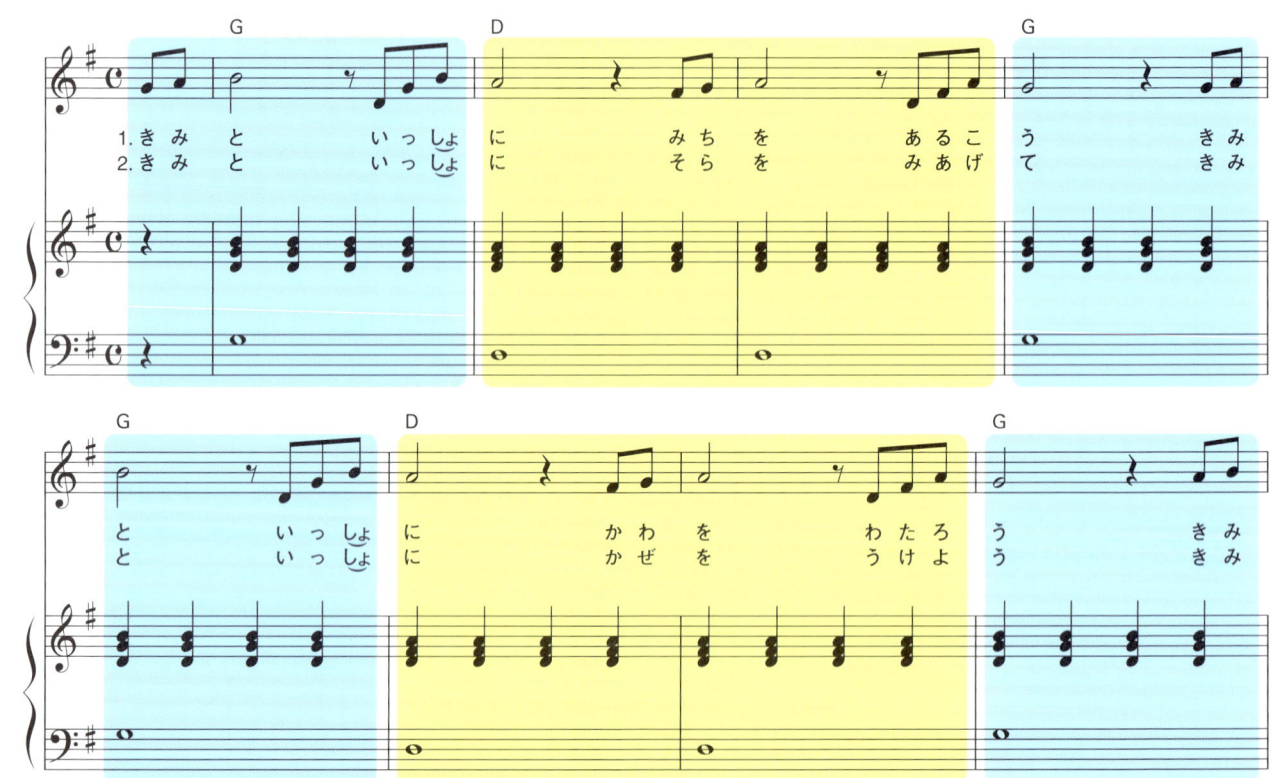

上達のポイント！

シャープが1つのト長調の曲です。リズムは超カンタン！
右手は ジャン ジャン ジャン ジャン で左手は伸ばすだけ。
だから、3つのコードを覚えてしまえば、もう弾けたも同然！

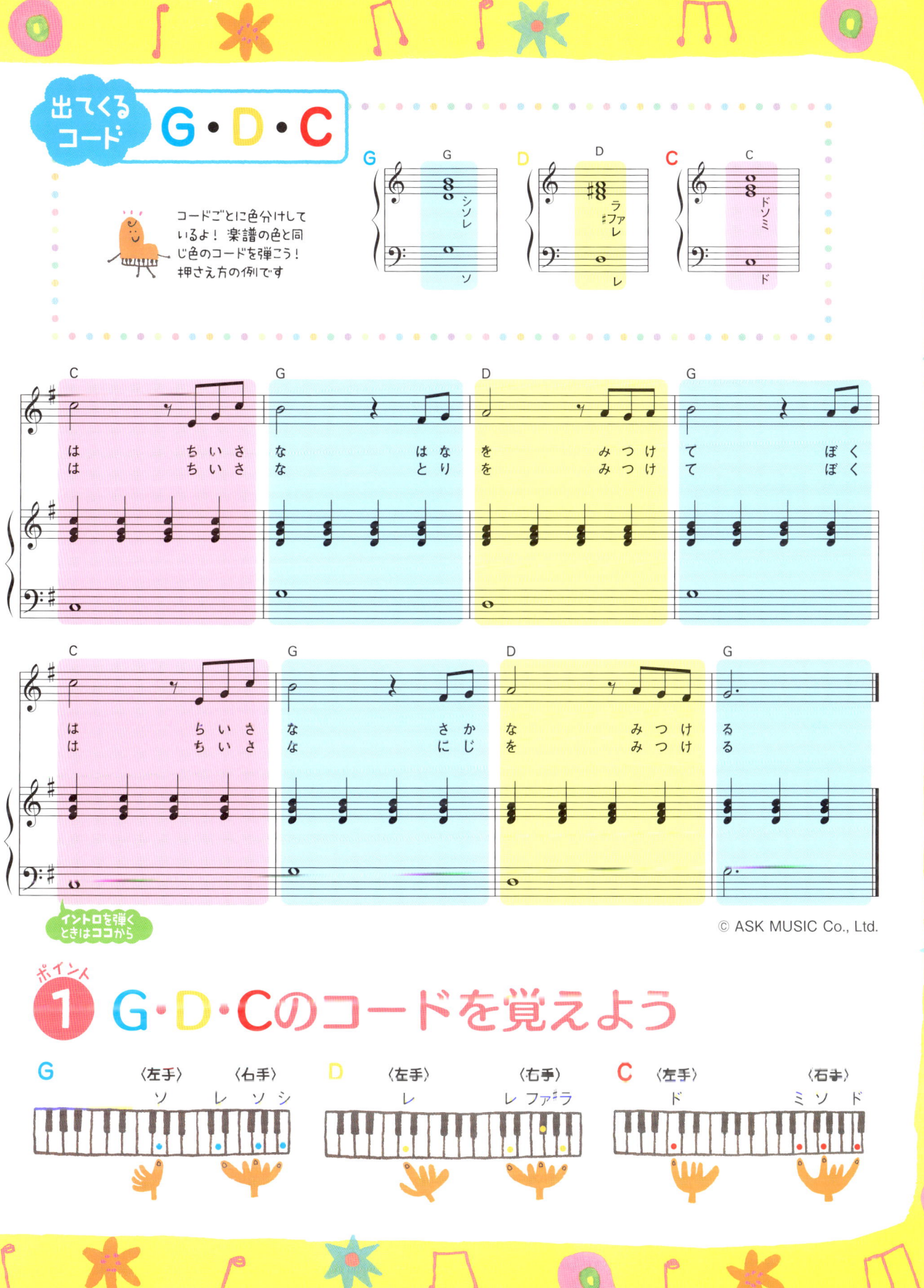

コードが2〜3個だけ！超カンタン！

クリスマスのうたがきこえてくるよ

作詞・作曲／新沢としひこ

軽快で楽しいクリスマスソングです。軽快な歌は簡単そうですが、ピアノが苦手な人は、きちんと軽やかに弾かなければならないと思って、意外とプレッシャーになります。ここは多少間違えても勢いがあればダイジョウブ（笑）なので、軽快さを重視して弾きましょう。

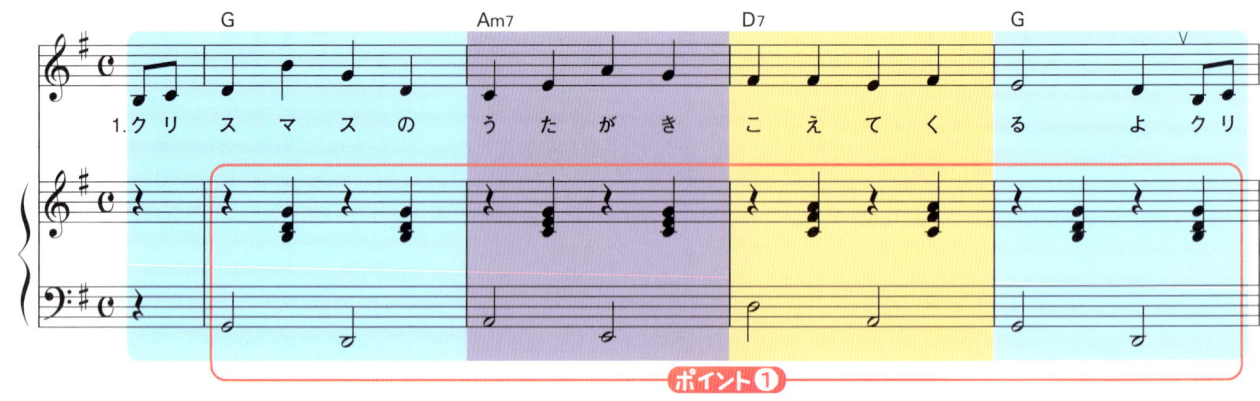

6番まであるよ！

1 クリスマスのうたがきこえてくるよ
クリスマスのうたがきこえてくる
メリー　メリー　クリスマス
メリー　メリー　クリスマス
もうすぐ
たのしいクリスマス

2 ひつじかいのうたがきこえてくるよ
ひつじかいもうたうよクリスマス
ヨロレイ　ヨロレイ　クリスマス
ヨロレイ　ヨロレイ　クリスマス
ヨロレイ　ヨロレイ
たのしいクリスマス

3 しろうさぎのうたがきこえてくるよ
しろうさぎもうたうよクリスマス
ピョーン　ピョーン　クリスマス
ピョーン　ピョーン　クリスマス
ピョーン　ピョーン
たのしいクリスマス

出てくるコード G・Am7・D7

コードごとに色分けしているよ！楽譜の色と同じ色のコードを弾こう！押さえ方の例です

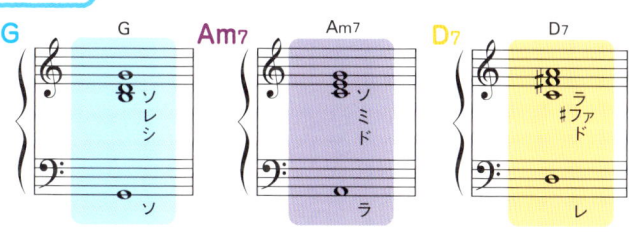

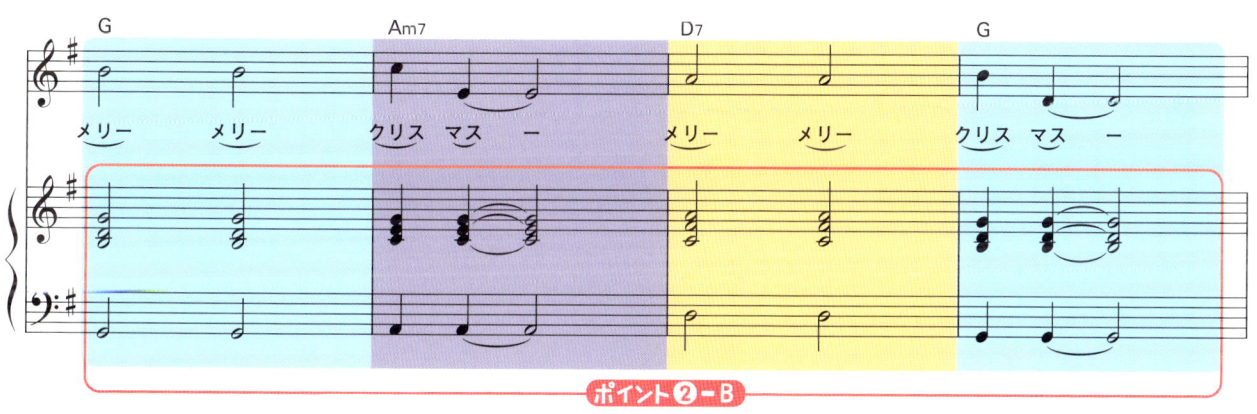

ポイント❷-B

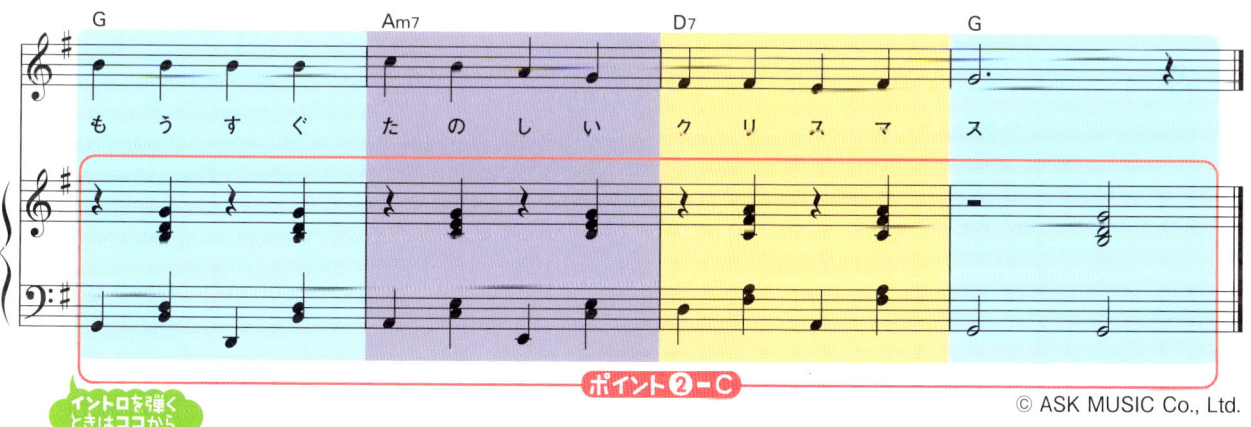

イントロを弾くときはココから

ポイント❷-C

© ASK MUSIC Co., Ltd.

❹ もりのクマのうたがきこえてくるよ
　もりのクマもうたうよクリスマス
　ドッシン　ドッシン　クリスマス
　ドッシン　ドッシン　クリスマス
　ドッシン　ドッシン
　たのしいクリスマス

❺ ゆきだるまのうたがきこえてくるよ
　ゆきだるまもうたうよクリスマス
　んー　んー　んー　ん
　んー　んー　んー　ん
　んー　んー
　たのしいクリスマス

❻ クリスマスのうたがきこえてくるよ
　クリスマスのうたがきこえてくる
　メリー　メリー　クリスマス
　メリー　メリー　クリスマス
　こんやは
　たのしいクリスマス

弾くときのポイントは次のページ →

コードが**2~3個だけ!**
超カンタン!

クリスマスのうたが きこえてくるよ

上達のポイント！

G→Am7→D7→Gの繰り返しです。伴奏パターンに変化をつけていますが、余裕のない人は、**ポイント❶**の伴奏パターンでずっと弾いてもぜんぜん問題ありませんよ！

ポイント❶ コード進行をマスターしよう！

G→Am7→D7→G

コードの流れを「コード進行」といいます。まずはコードの色だけをよく見て！ G→Am7→D7→Gのコード進行を繰り返しているだけのシンプルな構造です。そう思えば、ちっとも怖くありませんね。

ポイント❷ 伴奏アレンジ

同じコード進行で、Ⓐ5～8小節、Ⓑ9～12小節、Ⓒ13～16小節と少し変化させてアレンジしています。余裕のない人はすべてⒶの弾き方で押し通してもいいですよ。

左手に動きを出して
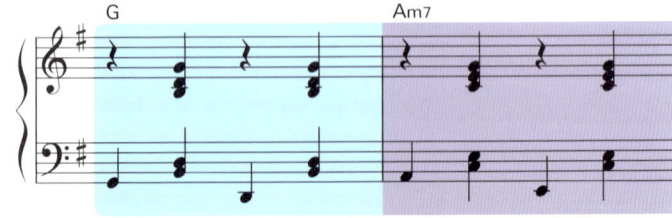

メロディーと同じリズム
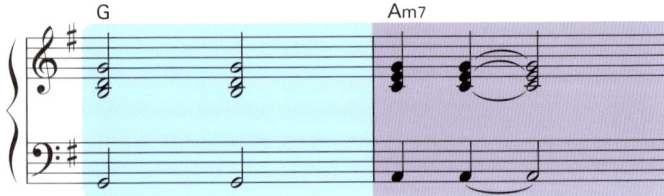

Ⓐの伴奏形＋エンディング

（最後の2小節）

「けっこう弾けるようになってきた」という人に…
右手でメロディーを弾く2段譜楽譜（例）

コード伴奏をスラスラ弾けるようになってきた人は、挑戦してみてもいいですね。左手も難しく右手も難しいです。でもこの難しさが実は快感になったりします。できたときの達成感もありますので、チャレンジ精神のある人はぜひ挑戦！ 前奏・間奏・終奏にも使えます。自分の力量に合わせて、いろいろ工夫して活用してみてください。

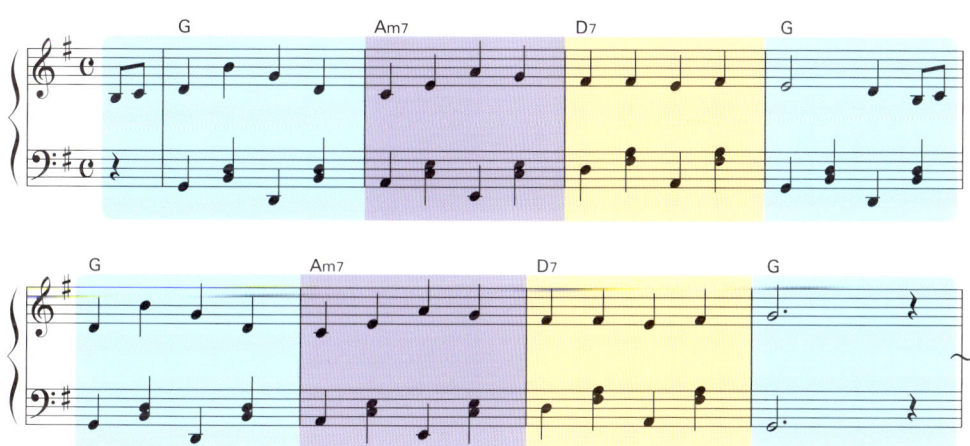

弾きやすくアレンジする

ピアノを弾くときは、どうしてもきちんと楽譜どおりに弾く、と思い込んでいる人があまりに多いです。応用を利かせて自由に弾くのは、すごくうまい人だけ、と思っているのでしょう。でも、実は反対に、ピアノの技術がない人ほど応用を利かせてより簡単に弾いたほうがいいのです。難しい伴奏をしどろもどろに弾くよりも、簡単な伴奏を軽快に弾いたほうが、子どもたちも歌いやすいし、弾いている本人も気持ちが良い。慣れてきたら、しぜんともっと難しい弾き方もしたくなるものです。それが上達ということなのです。いきなり難しいことに挑戦して挫折感を味わい、ピアノへの苦手意識を高めてしまわないように、ハードルを低くして、楽しんで弾きましょう。

ふうせんくんの ぼうけん

作詞／新沢としひこ　作曲／増田裕子

たった3種類のコードしか出てきません。ピアノが苦手な人は、楽譜を見ると、音符がたくさんあるなあ…と感じてしまいます。でもこの歌だったら、ドミソとドファラとシレソを弾いていれば、伴奏はどうにかなるんです。そう思ったら気が楽でしょ？

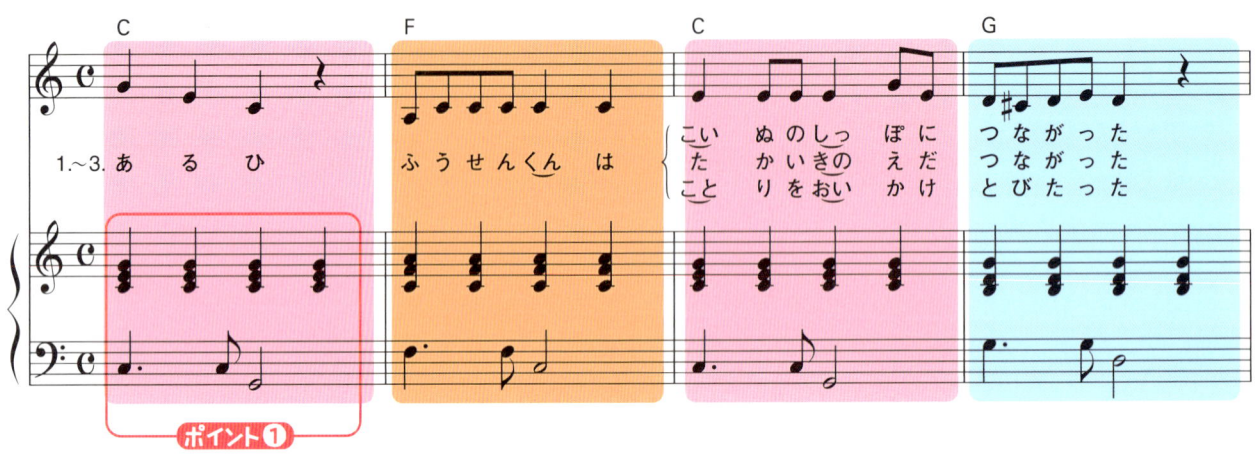

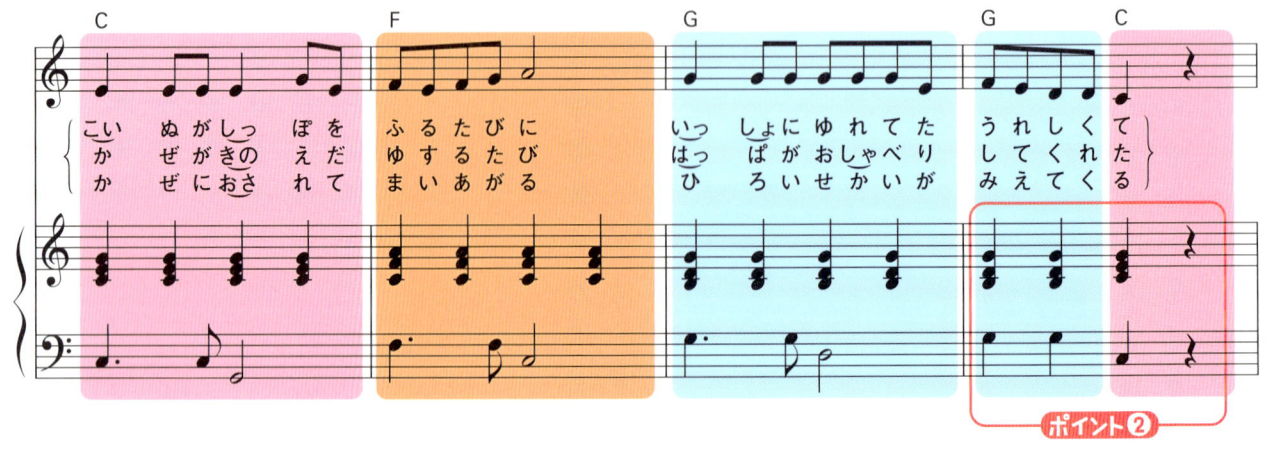

出てくるコード **C・F・G**

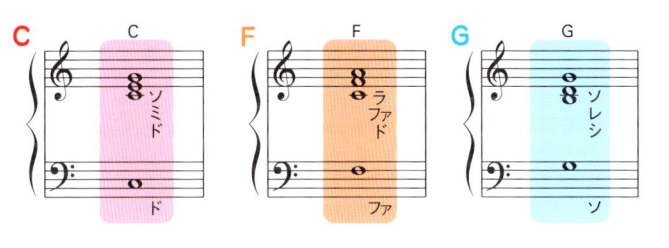

コードごとに色分けしているよ！ 楽譜の色と同じ色のコードを弾こう！
押さえ方の例です

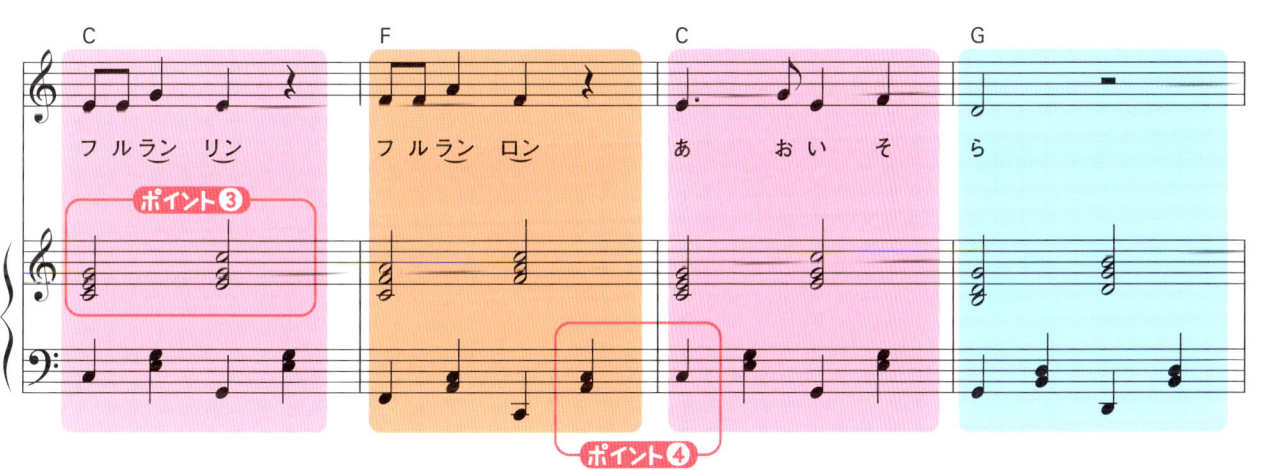

ポイント❸
ポイント❹

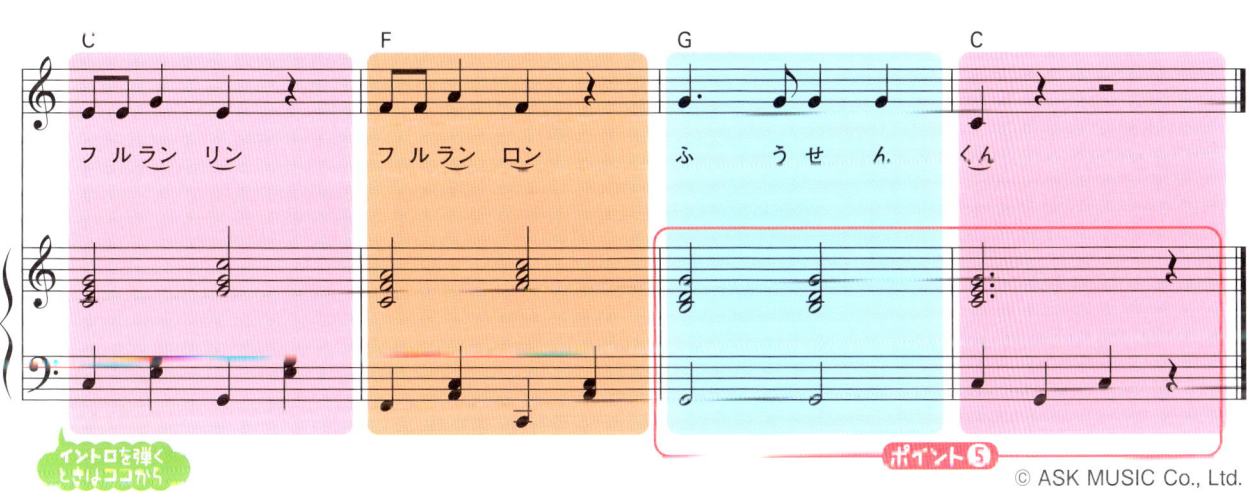

イントロを弾くときはココから
ポイント❺

© ASK MUSIC Co., Ltd.

弾くときのポイントは次のページ

コードが2〜3個だけ！
超カンタン！

ふうせんくんの ぼうけん

上達のポイント！

右手は、前半はビート感のあるリズム、後半は緩やかに **ダーン ダーン** と弾くだけのリズムです。左手でリズムを担う、ということを意識して弾くといいでしょう。

ポイント 1 付点のリズムでビート感を！

左手の音符だけに付点があるのは、右手と左手をずらして弾くということなんです。ずらすことで、ビートが生まれてきます。これはとても大事ですよ。太鼓を両手でたたくような気持ちで、右手は **タン タン タン タン**、左手は **ターン タ ターン** とビートを感じながら弾いてみてください。難しいと思った人は、最初はゆっくりね。

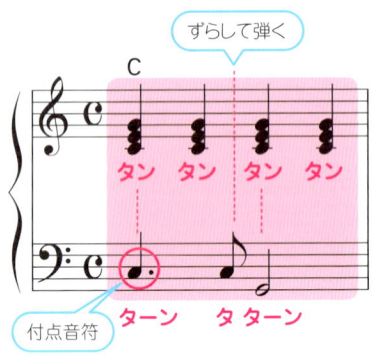

ポイント 2 コードの変化で印象的に

ここだけ1小節に2つのコードがありますが、慌てないで。簡単に弾けるように、右手と左手は同じリズムにしてあります。曲が変化するきっかけになるところですから、印象的になるように注意深く弾きましょう。

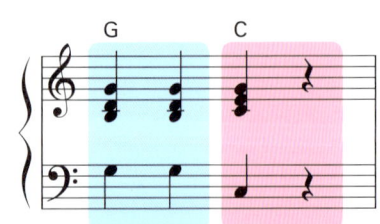

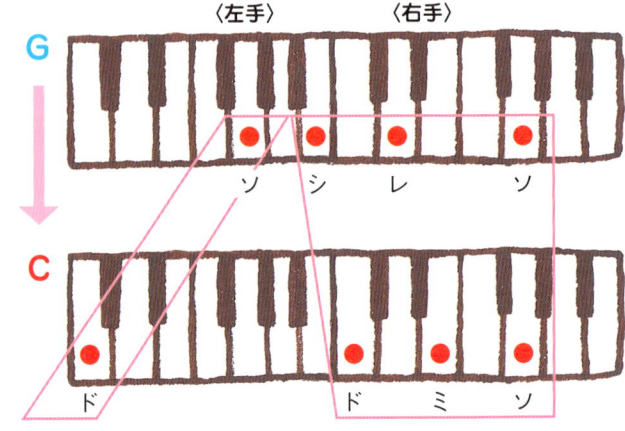

ポイント 3 ドミソはミソドでもあり ソドミでもある

　2分音符で **ダーン ダーン** と緩やかに弾くだけなので簡単ですが、**ドミソ→ミソド**と音の順番を変えて弾きます。もちろん**ドミソ**のまま2回弾いても問題はありません。けれど、コード奏法に慣れ親しんでほしいぼくとしては、**C**のコードは**ドミソ**でもあり**ミソド**でもあり**ソドミ**でもあることを実感してもらいたいのです。試しに右手でこの3種類を弾いてみてください。全部Cのコードですよ。**C**であれば、どれを弾いてもOK。それをわかってもらえたらうれしいなぁ。

どれもすべて**C**だよ！

ポイント 4 指使いを工夫して弾きやすく！

　ラと**ド**の重音のうち、**ド**は**親指**で弾きますが、次の小節の**ド**は同じ**ド**でもさっと指を移動して**小指**で弾きましょう。指使いを工夫すると、広い音域でも自由に弾くことができます。曲の後半の左手は、広い範囲で指を動かし忙しくなるので、難しいとは思うのですが、これを機会に鍛えてあげましょう。左手が動くようになるとずいぶん気持ちが楽になりますよ。

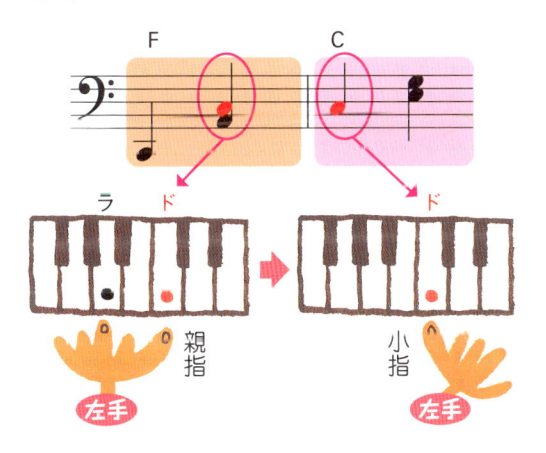

ポイント 5 終わりはていねいに

　歌の最後はエンディングらしくリズムを変えてあります。終わりを終わりらしく弾くことも、伴奏の重要なところです。落ち着いて、たっぷりとていねいに弾きましょう。

コードが2〜3個だけ！ 超カンタン！

ふたりはなかよし

作詞・作曲／新沢としひこ

明るいフォークダンス風のあそび歌で、調子のよい楽しい歌です。使うコードは **C・F・G** の3つ。しかもハ長調で♯や♭もありません。シンプルでとっても簡単ですから挑戦してみてね。

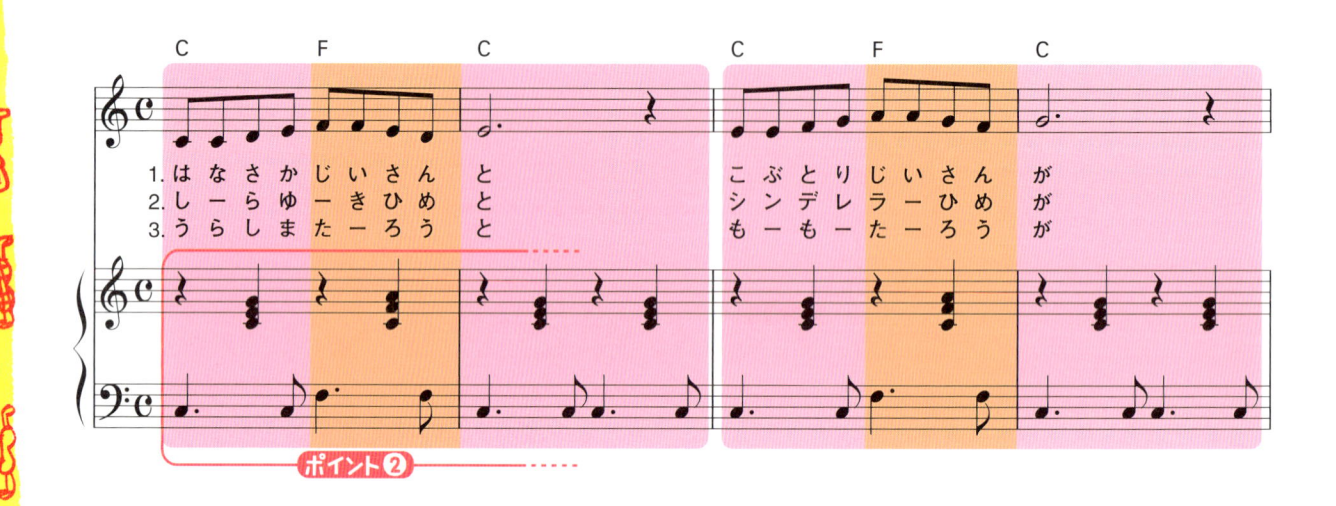

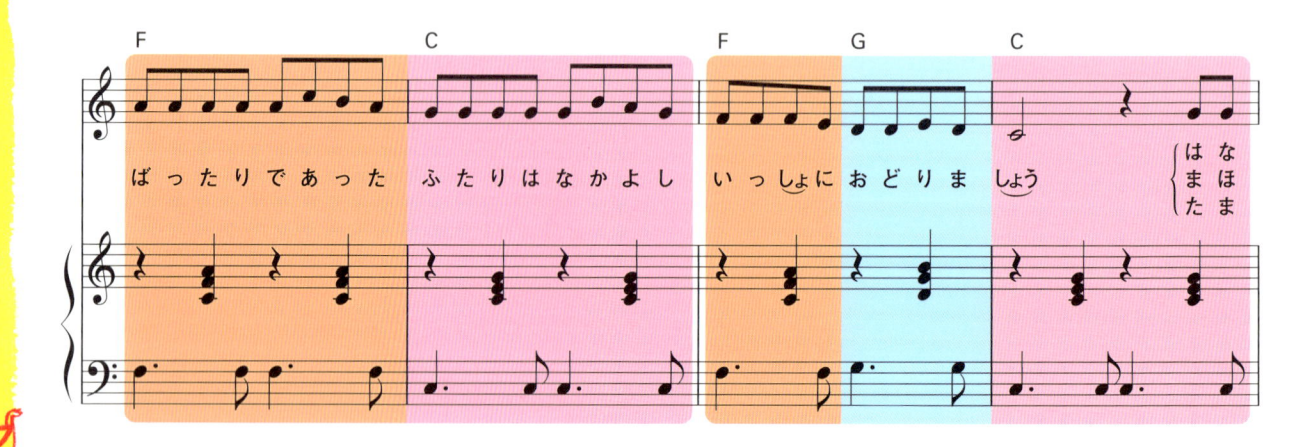

1. はなさかじいさん と こぶとりじいさん が
2. しーらゆーきひめ と シンデレラーひめ が
3. うらしまたーろう と もーもーたーろう が

ばったりであった ふたりはなかよし いっしょにおどりま しょう

{ はまた / なほま / はまた }

ポイント②

出てくるコード C・F・G

コードごとに色分けしているよ！楽譜の色と同じ色のコードを弾こう！押さえ方の例です

- C: ソミド / ド
- F: ラファド / ファ
- G: シソレ / ソ

ポイント❸

G | C | G | C
をうて / さかせみがばこ / てと / ぶらこきガー / をスのびっ / とっくんだご / てと

F | C | F | G | C
どっちもたのしい / ふたりはなかよし / なかよし / おじいさま / おたひろうめさ / んまん

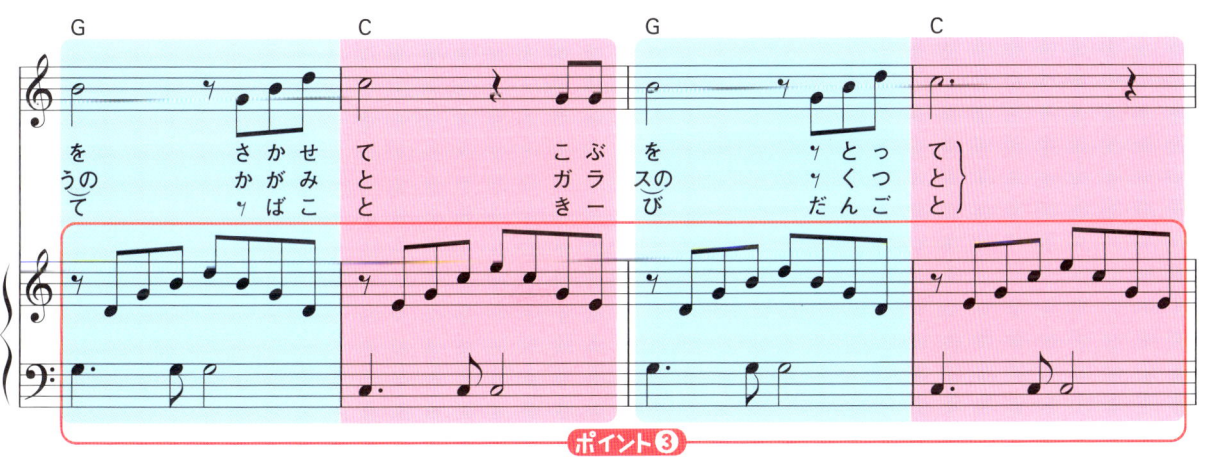

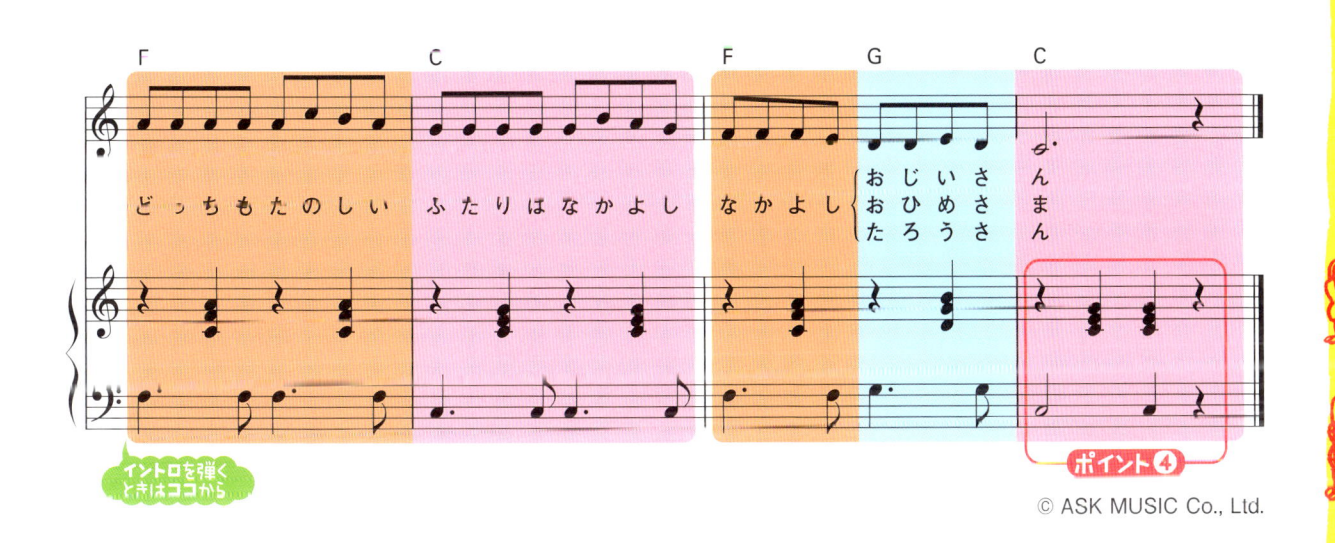

イントロを弾くときはココから

ポイント❹

© ASK MUSIC Co., Ltd.

弾くときのポイントは次のページ →

コードが2〜3個だけ！
超カンタン！

ヤッタ！
カンタン！

ふたりはなかよし

上達のポイント！

この曲はハ長調だし、コードは3つだし、本当にカンタン！だから落ち着いて弾けばゼッタイだいじょうぶ！　できれば**ポイント❸**のアルペジオにも挑戦してみてください。

ポイント❶ 4つのコード進行を覚えよう

この曲を2小節ずつに区切ってコードの色を見てみましょう。するとおもしろいことがわかります。

Ⅰ	C F	C …	1・2小節目	3・4小節目
Ⅱ	F	C …	5・6小節目	13・14小節目
Ⅲ	F G	C …	7・8小節目	15・16小節目
Ⅳ	G	C …	9・10小節目	11・12小節目

3つのコードを4種類の組み合わせで使っているだけなんだよ！

なんと4種類しか無いんですね。つまりこの4つのパターンを覚えればいいんです。しかもコード自体は3つだけ。特にⅢの（**F G C**）はハ長調の歌なら、ほとんどに出てきますから、慣れておくととっても便利です。

ポイント❷ ドンチャド ドンチャド のリズムをキープ

左手と右手を交互に弾きます。左手が **ドン**、右手を **チャ** とすると **ドン チャ ド ドン チャ ド ドン チャ ド ドン チャ ド** といった感じです。リズムを取りにくい人は、口に出しながら両ひざをたたいて、まずリズムだけを練習してみましょう。歌全体に8ビートの調子のよいリズムが流れるようにしましょう。

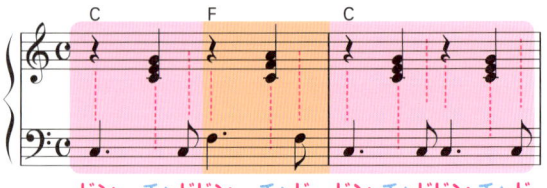

ドン　チャドドン　チャド　ドン　チャドドン　チャド

ポイント3 アルペジオに挑戦しよう

　この曲では、音を分けて弾くアルペジオといった応用の伴奏を取り入れました。そういう難しいのは無理！って思った人は、前半と同じリズムで弾いてもかまいません。できそうな人は、右の指を1本ずつパラパラ動かして弾いてみましょう。焦って忙しく弾いてしまいがちですが、落ち着いた感じで弾くことを心がけましょう。右手を難しくした分、左手は音数も動きも少なくして楽にしてみました。

> 鍵盤の上に指を置いておくと弾きやすいよ

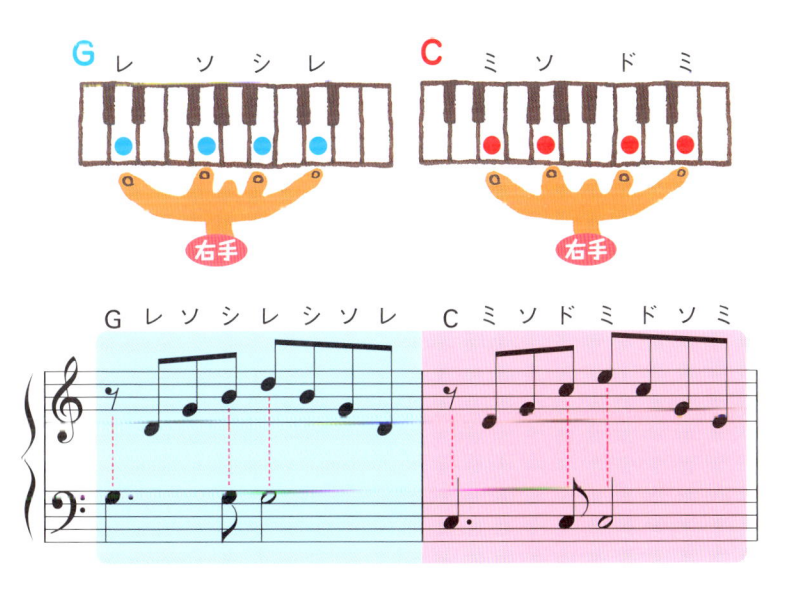

G レ ソ シ レ
C ミ ソ ド ミ

G レソシレシソレ
C ミソドミドソミ

ポイント4 終わりよければそれでよし！

　最後の小節は、シンプルに終わりらしい感じにしてみました。それまで、バタバタ焦って慌てた感じで弾いてしまった人も、ここはていねいにしっかり弾いてくださいね。終わりがよければ、ちゃんとした演奏に聞こえますからだいじょうぶです。あくまでも主役は歌ですから、みんなが歌えるように弾ければよいのです。それを忘れないで。むだな緊張をしてトチるのはもったいないです。たかが伴奏じゃい、と開き直ってノビノビ弾くことをおすすめします。

ひつじたちのヨーデル

作詞・作曲／新沢としひこ

コードはほとんど**G**と**D7**しか出てきません。あとは**C**が1か所だけなので、気が楽でしょ？ 前半と後半のテンポに思いっ切り変化をつけて、盛り上げてみましょう。後半は思いっ切り動き回りながら歌ってもいいですよ。

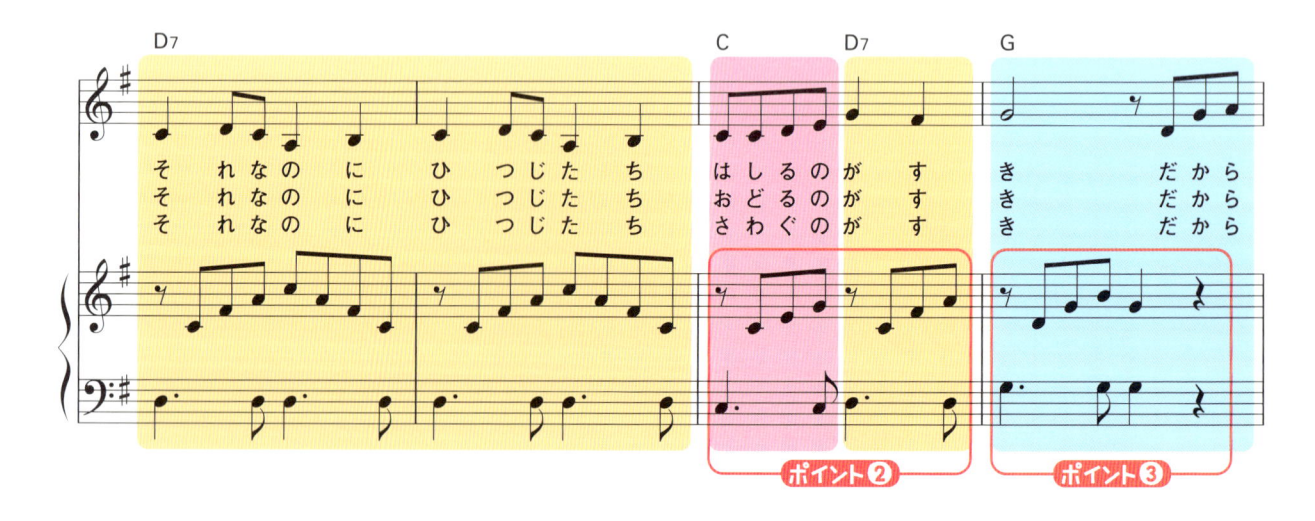

1. ヨ ロレイヒ ひつじかい ひるねがすんきだ
2. つかれちゃった ひつじかい すわりこんきだ
3. ヘトヘトの ひつじかい すずくまっきだ

それなのに ひつじたちは はしるのがすき だから
それなのに ひつじたちは おどるのがすき だから
それなのに ひつじたちは さわぐのがすき だから

© ASK MUSIC Co., Ltd.

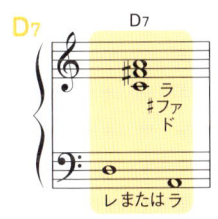

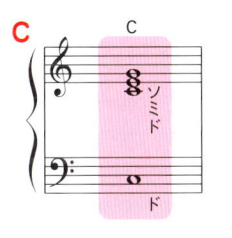

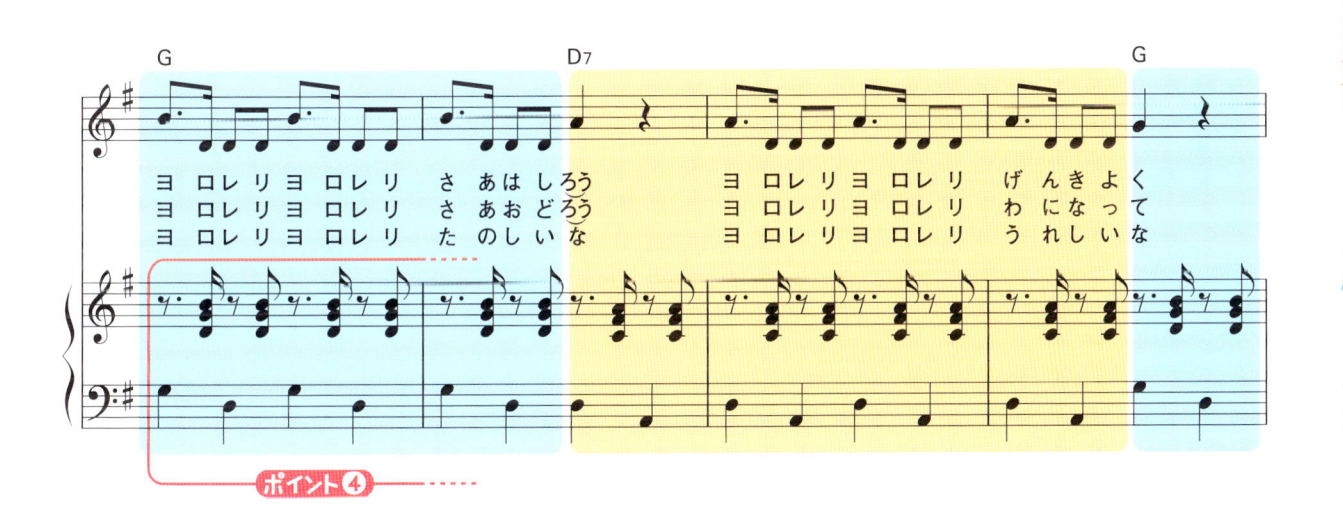

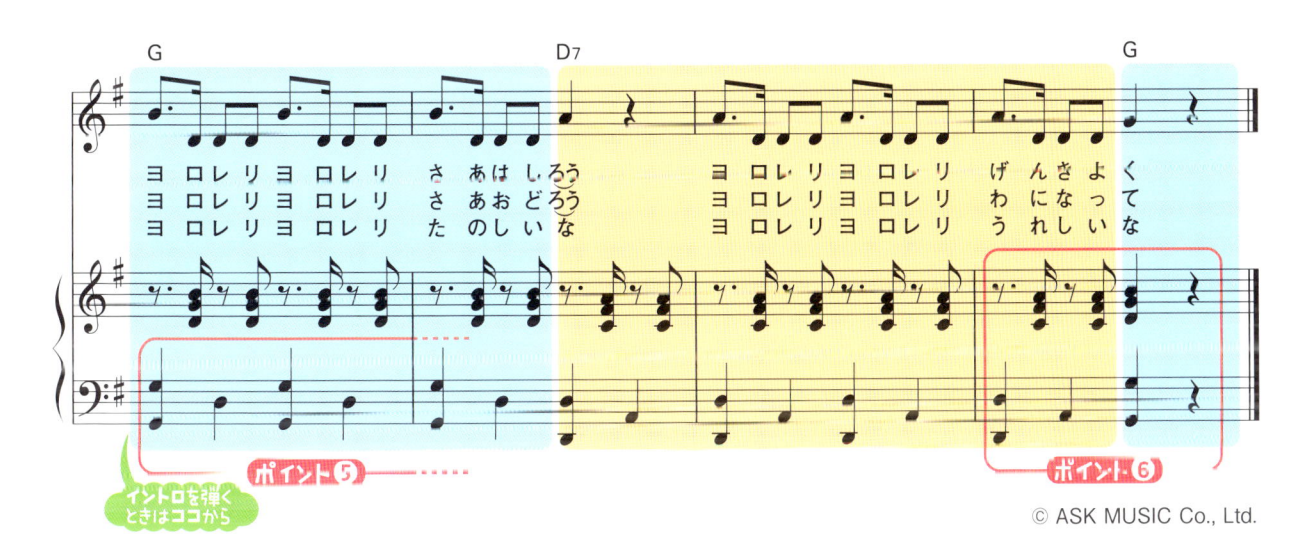

コードが2〜3個だけ！
超カンタン！

ひつじたちのヨーデル

上達のポイント！

最大のポイントは、前半の静かなアルペジオと、一転して後半の元気でリズミカルなアップテンポというめりはりです。コードの種類は本当に少ないので、思いっ切り弾いてくださいね。

ポイント1 左手は ずーっとずーっと のリズムで

前半の基本となる伴奏です。左手は **ずーっとずーっと** とつぶやきながら弾いてみるとわかりやすいかも（笑）。**G**のときは **ソーソソーソ**。**D7**のときは **レーレレーレ** だけです。それに合わせて、右手はなめらかに。和音を弾くよりも難しいかもしれませんが、慣れておくと、応用がききますので、ここでちょっとがんばってみてください。

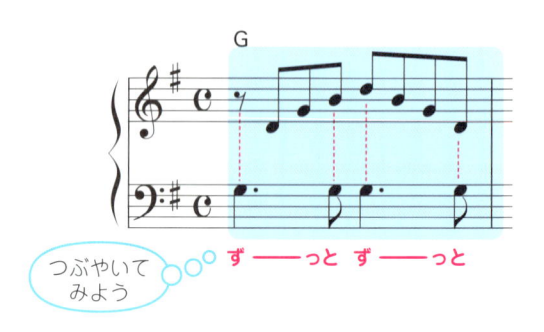

つぶやいてみよう　ず――っと ず――っと

ポイント2 コードの変化につまずかないように

ここの問題点は、1小節に**C**と**D7**の2つのコードが出てくることです。でも、**C**は**ドミソ**で簡単なコードなので、ダイジョウブですよね。ここでリズムが止まってしまったり、引っ掛かったりしないように、注意しましょう。

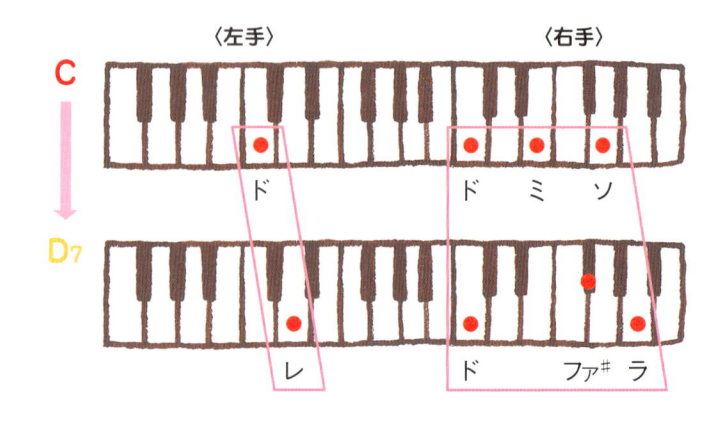

〈左手〉　〈右手〉

C　ド　ドミソ
↓
D7　レ　ド ファ♯ ラ

ポイント3 ゆっくりめに弾く

次の小節からガラッと世界が変わるので、ここは大きな息継ぎと思ってください。焦らず、ややゆっくりめに弾くと、その次の小節からのにぎやかで元気な感じが引き立ちますよ。

ポイント4 間違いを恐れず、元気に激しく！

ここからが後半。踊り出す・走り出す感じのアップテンポのリズムを心がけましょう。右手はちょっと難しいリズムですが、メロディーと同じリズムだと思ってください。とにかく初めの1小節だけ、がんばってマスターしましょう。これが後半の基本です。ここでエネルギーが爆発するという感じで表現しましょう。多少のミストーンはぜんぜんかまいません。激しく、ハチャメチャに弾いたほうが、この歌には合っています。

ポイント5 オクターブで厚みを出す

ここまで順調にできた人は、左手の指を広げてオクターブで弾いてみましょう。まったく余裕がない人は、それまでの弾き方で。無理にする必要はありません。ただオクターブで弾くと、音に厚みが出て迫力が出ます。この際、練習しちゃうのもいいかもしれません。

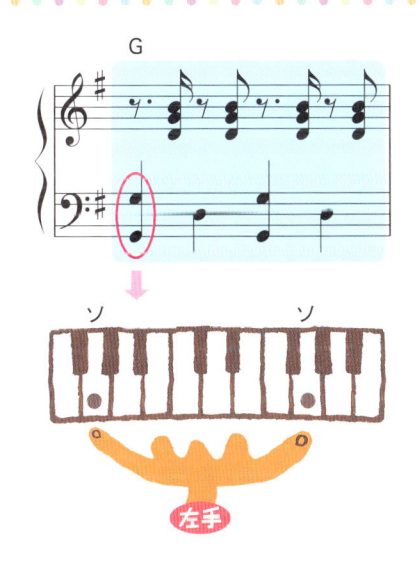

ポイント6 元気なエンディング→静かな前半へ

ちょっと唐突な感じで終わります。そしてまた頭に戻って、のんびりした感じに。その繰り返しです。元気な後半から、静かな前半へ、なるべく変化を大きくめりはりをつけましょう。そうすると歌にドラマが立ち上がってきます。ごっこ遊びを演出する気持ちで、弾いてみてください。

コードが2～3個だけ！
超カンタン！

サンタクロースはどこだ

作詞／新沢としひこ 作曲／中川ひろたか

クリスマスソングです。ちょっと長い歌を用意しました。でもだいじょうぶ！ コードは3つだけなので、ちっとも難しくありませんよ。

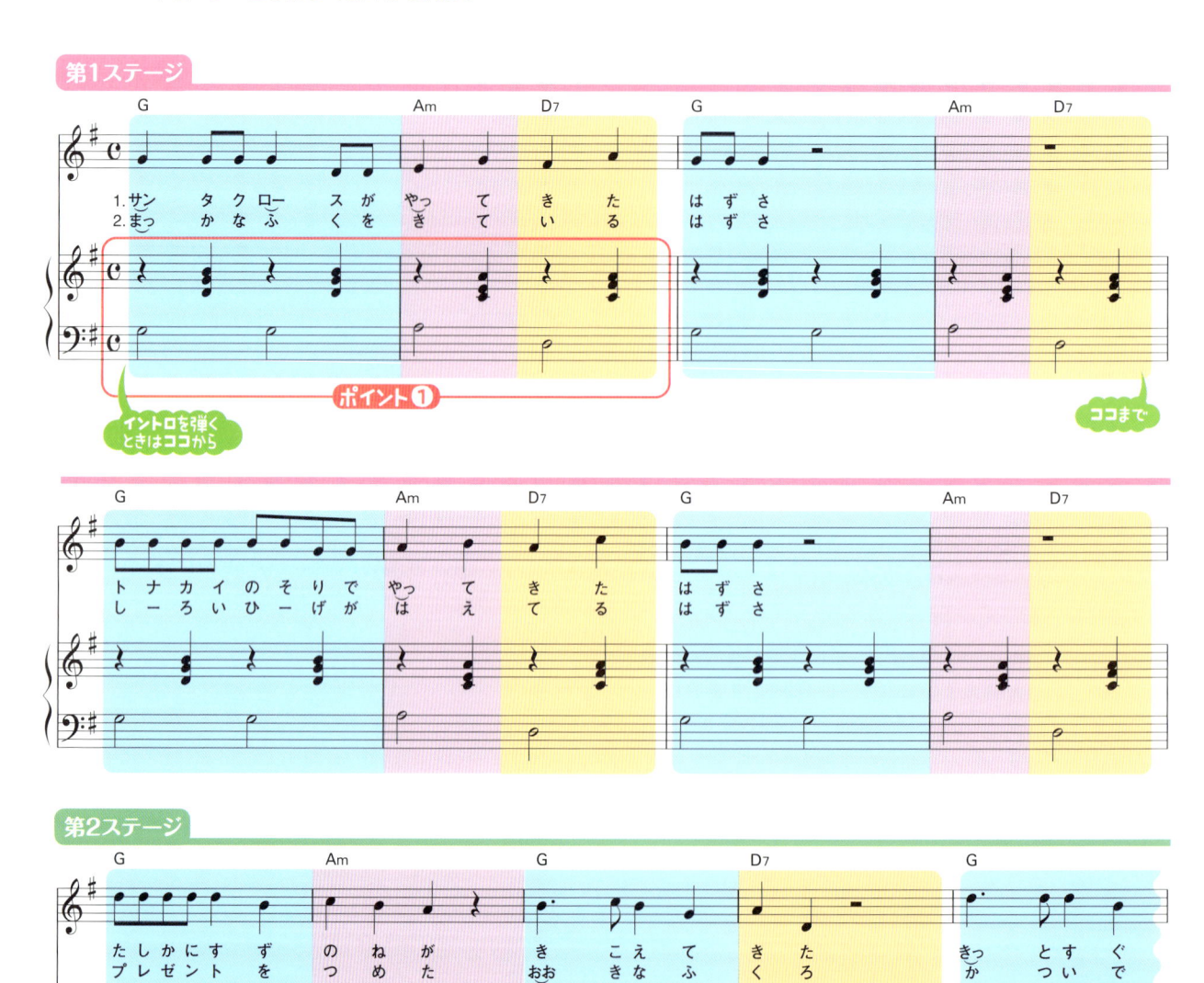

第1ステージ

1. サンタクロースが やってきた はずさ
2. まっかなふくを きていた はずさ

イントロを弾くときはココから　ポイント❶　ココまで

トナカイのそりで やってきた はずさ
しろいひげが はえていた はずさ

第2ステージ

たしかにすずの ねがつめた おおきなふくろ きっとすぐ
プレゼントを ねがつめた きこえてきたろ きっとついで

046

出てくるコード G・Am・D7

コードごとに色分けしているよ！ 楽譜の色と同じ色のコードを弾こう！ 押さえ方の例です

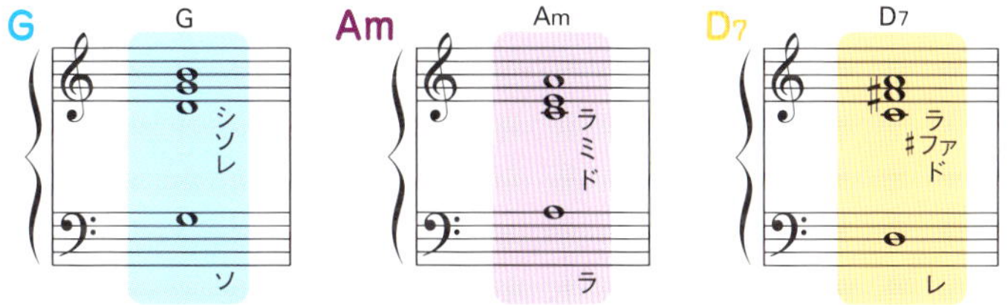

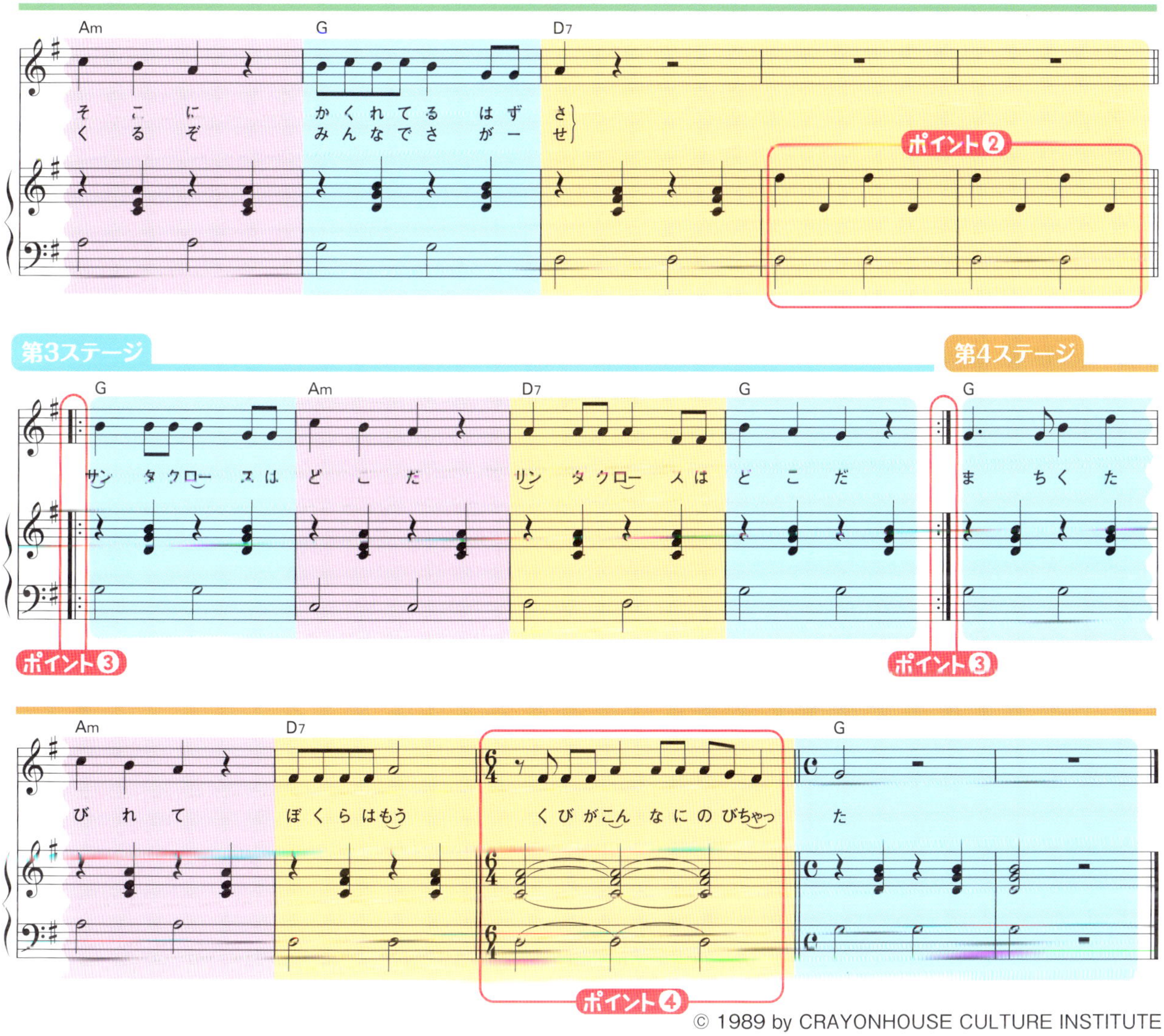

弾くときのポイントは次のページ

コードが2〜3個だけ！
超カンタン！

サンタクロースはどこだ

上達のポイント！

この歌は、大きく4つに分けることができます。第1ステージ、第2ステージ…と表記しました。起承転結と理解するといいかもしれません。まずは各ステージごとに練習してみるといいですよ。

ポイント ① 初めの2小節をマスターしよう 〈第1ステージ 起〉

まずは、最初の2小節をマスターすることが"初めの一歩"です。第1ステージはこの繰り返しになります。繰り返しを発見することが、伴奏を簡単にしていくコツです。この2小節の大事なところは、1小節目はGだけですが、2小節目はAmとD7の2つのコードになって、ちょっと忙しいわけです。この「やや簡単」と「やや忙しい」というリズム感を体得してほしいですね。繰り返し弾いて、慣れてしまってください。

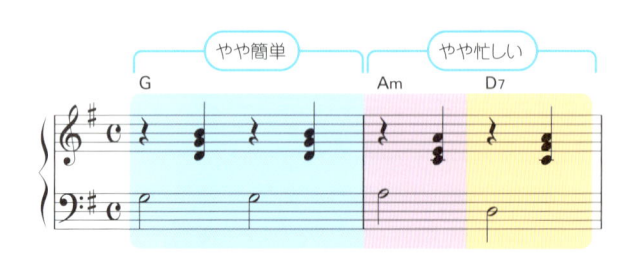

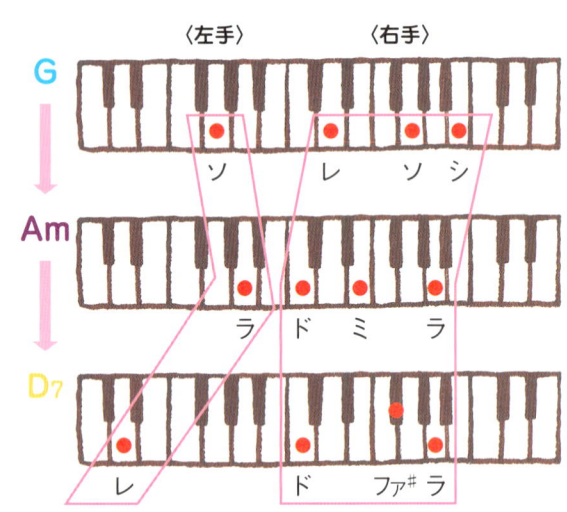

〈左手〉〈右手〉
G → ソ レ ソ シ
Am → ラ ド ミ ラ
D7 → レ ド ファ♯ ラ

やや簡単 | やや忙しい
G | Am | D7

ポイント ② サビ前の装飾系のアレンジ 〈第2ステージ 承〉

第2ステージの難関はココ！ 歌のない部分を、ちょっと不思議なフレーズでつないでみました。難しかったら、D7のコードをジャーンと弾いてごまかしてもいいです。

ただ、こういうフレーズがあると、子どもたちにもサビがわかりやすいので、歌唱を盛り上げるためにも、取り入れてめりはりをつけてほしいです。

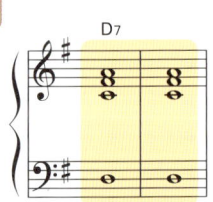

ポイント❷の部分だよ
難しいときはこの弾き方で
D7

ポイント3 繰り返し記号を見落とさないように！

第3ステージ 転

　第3ステージはこの歌のいちばん盛り上がるところ、いわゆるサビです。ノリよく弾きましょう。ここで繰り返し記号が出てきました。長い歌では、楽譜を簡略化するために、このような繰り返し記号を用いることがあります。

ポイント4 変拍子（4分の6拍子）の登場！

第4ステージ 結

　なんとここで変拍子が…。そう聞くとビビッてしまいそうですが、だいじょうぶ！ 字余りみたいなもので、歌詞が入りきれずに、伸びただけです。あまり神経質にならずに、適当に伸ばす、みたいな楽な気持ちで弾いてみてください。

新沢としひこのミラクルアドバイス❷

楽譜を暗記せずに目の前のコードを弾く！

　ピアノ伴奏を一生懸命練習して、みんな楽譜を暗記しようとします。それは大変すばらしいことなのですが、コード奏法のよいところは、あまり練習せずに、即興で手軽に弾けることなのです。もちろん、コードだけは覚えてほしいのですが。ひととおり練習して、だいたいのことを把握したら、あとは覚えるのではなく、目の前に次々現れるコードを、どんどん弾いていく練習をしてみてください。Gが出てきたらGの音。Amが出てきたらAmの音を弾く。ただそれだけ。モグラたたきゲームと同じです。ゲーム感覚で、ポンポコ鍵盤をたたいて弾いてみてください。その練習こそが、ピアノを怖がらなくなる最大の秘けつなのです。

それはすばらしい夏のある日

コードが2〜3個だけ！超カンタン！

作詞／新沢としひこ　作曲／中川ひろたか

長くて、音符も多くて、リズムも複雑そう…でもちょっと待って！ コードの色に注目してみると…、ほら、ずっと同じことの繰り返し！ しかもコードは3つだけ！ 思ったよりもずっと簡単ですよ。

© 1990 by CRAYONHOUSE CULTURE INSTITUTE

> コードが 2〜3個だけ！
> 超カンタン！

それはすばらしい夏のある日

上達のポイント！

楽譜は長いけど、出てくるコードは3つだけ！ G→Am→D₇→G のコードの流れをマスターすれば、後は繰り返すだけです。リズムに気をつけて、両手で楽しくビートを刻みましょう。

ポイント1 コード進行をマスターしよう

G→Am→D₇→G

楽譜の色分けとコードの流れに注目してみて！ G→Am→D₇→G のかたまりが何度も繰り返されているだけでしょ。そう！ このコード進行さえマスターすればいいってこと。あとはカンタンですね。

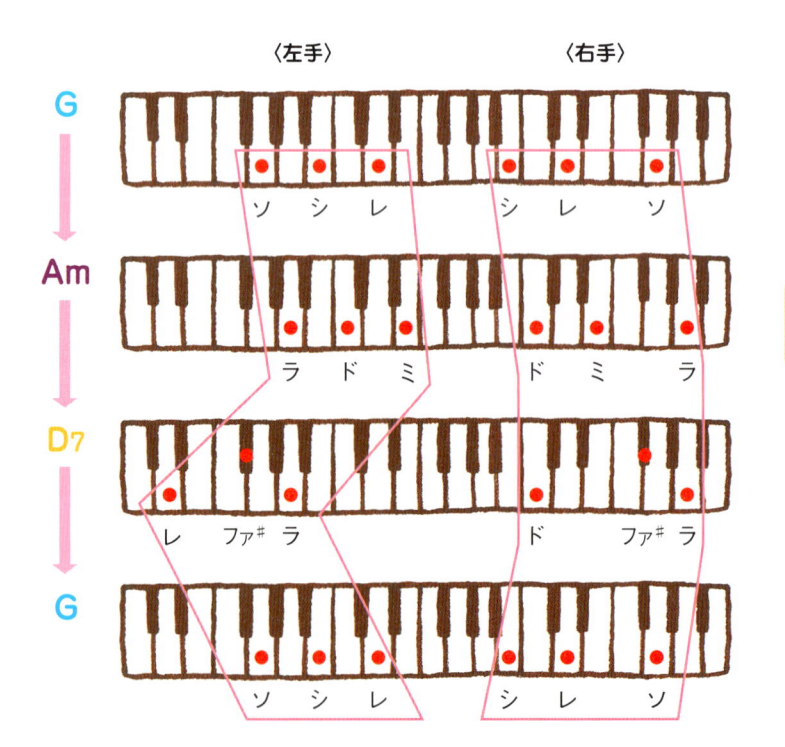

〈左手〉　〈右手〉

G　ソ シ レ　シ レ ソ

Am　ラ ド ミ　ド ミ ラ

D₇　レ ファ♯ ラ　ド ファ♯ ラ

G　ソ シ レ　シ レ ソ

> これだけ覚えれば あとは、カンタン！

ポイント2 ズン チャ ズー チャ ズ チャ のリズム

　この曲の前半の伴奏は、付点音符に8分休符にタイも付いて、譜面上はとっても複雑な感じです。でもこの歌は、ノリの良いラテンのリズムなので踊るような気持ちで、明るく楽しく弾ければいいんですね。**ズン チャ ズー チャ ズ チャ** のリズムが、前半はずっと繰り返し出てきます。このリズムさえ習得すれば、この歌の伴奏は、もうできたも同然なのです。

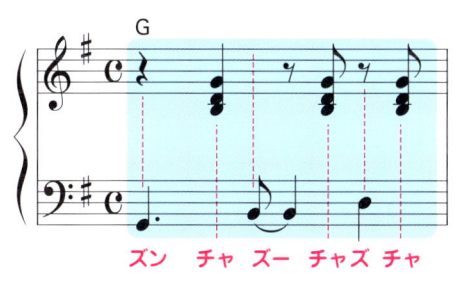

ポイント3 小休止。歌う人のようすをうかがおう

　ここだけ **ジャーン** と弾きっぱなしで小休止。歌う人とピアノの息が合うのは、こういうときですね。自分がピアノの鍵盤に手いっぱいになってしまうことが多いと思いますが、歌っている人たちはどうかな？ と、ようすをうかがうのは大切です。ここで大きく息継ぎをしましょう。

ポイント4 右手はジャ ジャ ジャ ジャ…

　前半とは右手が大きく変わって、なんと1小節に24個も音符の黒玉が！ すごいですねえ。とにかく **ジャ ジャ ジャ ジャ ジャ ジャ ジャ ジャ** と音を刻み続けるだけなんですが、それがなかなか大変。左手は前半と変わらないので、がんばって組み合わせてみましょう。

　もしも右手だけだったら、何回弾いたのか、わからなくなりますよね。左手と組み合わせることでアクセントがつき、ビート感が出てくるわけです。

　ピアノは片手ずつのほうが簡単な気がしますが、それは大きな勘違いかも！ 両方の手で組み合わせて弾くほうが、簡単にリズムが取れて楽しいんですね。

> 右手と左手のコンビネーションが大事なんだね

コードが2~3個だけ！超カンタン！

ハッピーチルドレン

作詞／新沢としひこ　作曲／中川ひろたか

付点や休符があちこちにありますが、コードは3つだけです。そして、なんとそのコード進行がずっと同じという、ミラクルな曲になっています。ぜひ挑戦してみてください。

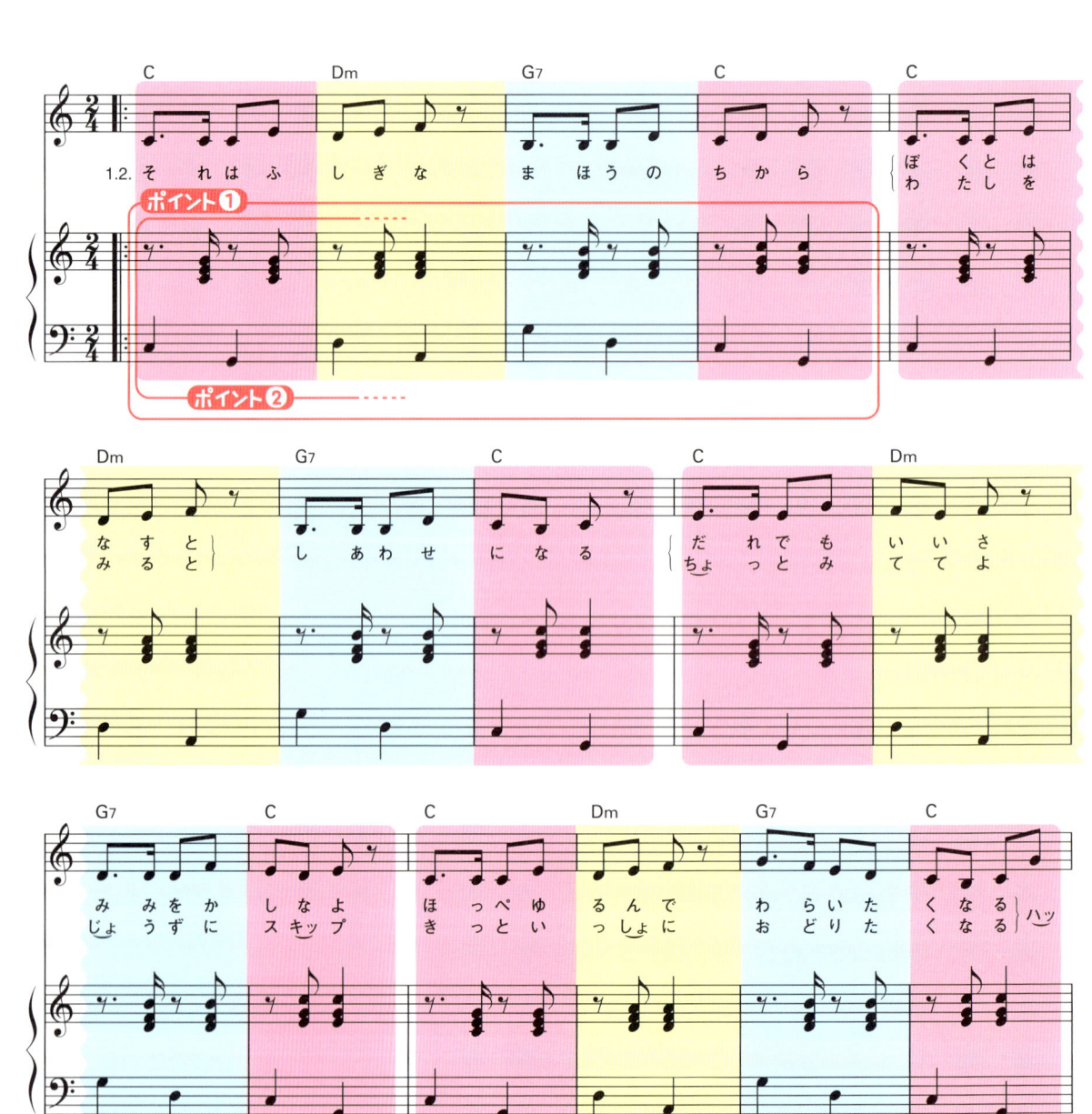

出てくるコード C・Dm・G7

コードごとに色分けしているよ！ 楽譜の色と同じ色のコードを弾こう！ 押さえ方の例です

弾くときのポイントは次のページ

> コードが2〜3個だけ！
> 超カンタン！

ハッピーチルドレン

上達のポイント！

とにかくC→Dm→G7→Cのコードをマスターすることが上達の秘けつ！ コード進行というのは一定のパターンがあって、歌いやすく、聞きやすい音楽は、たいてい基本的なコード進行でできています。この曲のコード進行も非常に基本的なものですよ。

ポイント1 コード進行をマスターしよう

C→Dm→G7→C

　コードの流れを「コード進行」と呼びます。1つ1つのコードを覚えるだけではなくて、そのいくつかのコードの流れを丸ごと覚えていくと、より演奏が簡単になるというわけです。

　この曲では、**C→Dm→G7→C**というコード進行です。この歌にはこのコード進行しか出てきません。このレッスンにぴったり！

Cが出てきたら、次は必ず**Dm**。
Dmが出てきたら、次は必ず**G7**。
G7が出てきたら、次は必ず**C**。

　それをずっとグルグルと繰り返しているだけなのです。ね、そう思うとグッと簡単になるでしょ！

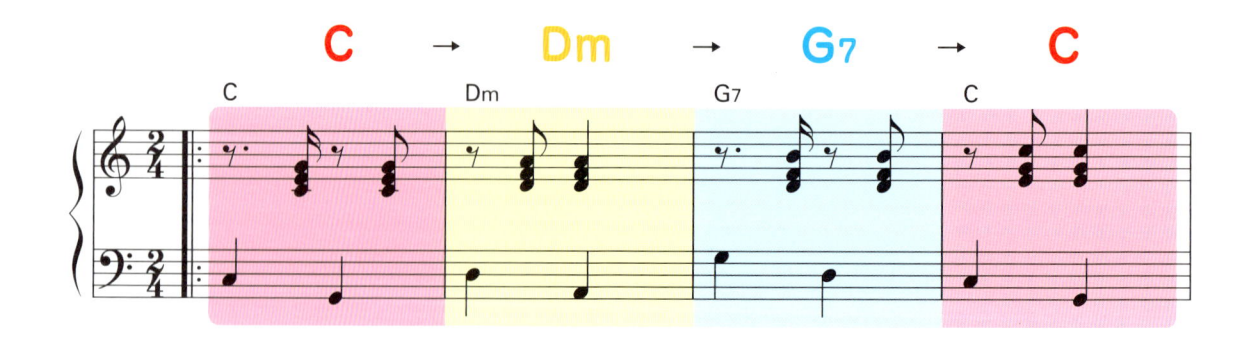

C → Dm → G7 → C

ポイント2 リズムパターンを覚えよう

伴奏のリズムは音符に付点があったりしてめんどうくさい感じがするかもしれません。これは歌のメロディーに合わせた伴奏だからです。歌いながら弾いてみると、このほうがかえって簡単だということが実感できると思います。

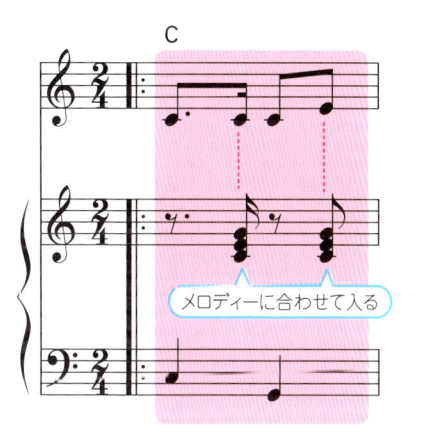

メロディーに合わせて入る

新沢としひこのミラクルアドバイス❸

コード進行をマスターすると演奏がカンタンに！

　コードの流れをコード進行といいますが、音楽というのは流れていく芸術なんですね。その流れに一定のパターンがあるとき、人間は「調子よくて、心地が良いなあ」と感じやすいものなのです。音楽の中には、そのパターンをわざと壊して、新しい音楽を構築するものもありますが、みなさんが保育の現場で子どもたちに提供する音楽は、ほとんどがあるパターンに基づいた楽曲なのです。コードの組み合わせ、コードの進行も、規則的でパターンがわかりやすいものがほとんどです。コードの進行、伴奏の大まかな流れをパターンでつかむようにすると、ピアノ伴奏はグッと簡単になります。

　繰り返して弾いていくと、指がコード進行をしぜんに覚えていくことでしょう。そのうちに違う曲を弾いていても、その覚えたコード進行が出てくると「ああ、あの○○の歌のコード進行ね。知ってる、知ってる」となってくるわけです。

ドミソ　C
ソシレファ　G
ドラファ　Em（ミソシレ）
ファレシ　B♭

新沢としひこのミラクルアドバイス ❹

ひざ太鼓

「**ピアノっていうのは打楽器なんだよ**」と昔、音大の教授先生に言われたことがあります。
(ぼくは音大に通っていたわけではありません。ぜんぜん違う場所で話してくださったのです。)
「**え？ 鍵盤楽器じゃないんですか？**」
「**もちろん鍵盤はあるけれど、リズムを奏でる太鼓だと思って弾けばいいんだよ**」
と、その先生は言うのです。なるほど、そう思えば気持ちはずいぶん楽になるかも。

試しに、自分の両ひざをふたつの手のひらで太鼓をたたくようにドンドコドンドコ打ってみてください。CDを聞きながら、いろいろな音楽のリズムに合わせてたたいてみるのもいいですね。別に、どうたたかなくちゃいけない、という決まりはありません。「ひざ太鼓」ですから。「鼻歌」を歌いながら「ひざ太鼓」、実はこれがピアノ弾き語りの基本です。いいですか、ミラクルピアノレッスンのピアノ弾き語りの基本は「バイエル」ではないのです！！！ まずは「鼻歌」「ひざ太鼓」。この練習こそが上達の近道なのでした。ひざ太鼓の要領でピアノを弾けばいいんですよ。

リズムが複雑な楽譜は、難しそうに見えますが、実際に弾いてみると、あれ、意外と簡単！と思うかもしれませんよ。まずは、ぜひ試して弾いてみてね！

コードが4〜5個で もっと楽しくなる！

コードの流れなどがわかってきて、
ピアノを弾くのがどんどん楽しくなってきますよ！

〔掲載曲〕　　　　は、子どもたちと歌いたい、だいたいの時期などの目安です。

- ことりのように　いつでも・卒園の時期にも　　060
- ネコのトラック　いつでも　　064
- ともだちになるために　いつでも　　068
- アニマルスイミング　夏の時期に　　072
- うれしいがいっぱい　いつでも・卒園の時期にも　　076
- カッパがわらう　いつでも　　080
- キラキラがいっぱい　いつでも・卒園の時期にも　　084
- かめの遠足　いつでも　　088
- スマイル　いつでも　　092
- ぼくたちのうた　いつでも・卒園の時期にも　　096

ことりのように 卒園ソングとしても！

コードが4〜5個でもっと楽しくなる！

作詞・作曲／新沢としひこ

卒園のシーズンにぴったりな歌です。珍しく3拍子の曲です。『思い出のアルバム』や『仰げば尊し』など、卒園、卒業の歌でもワルツのものはいろいろあります。この機会に3拍子のピアノ伴奏をマスターしてみましょう。

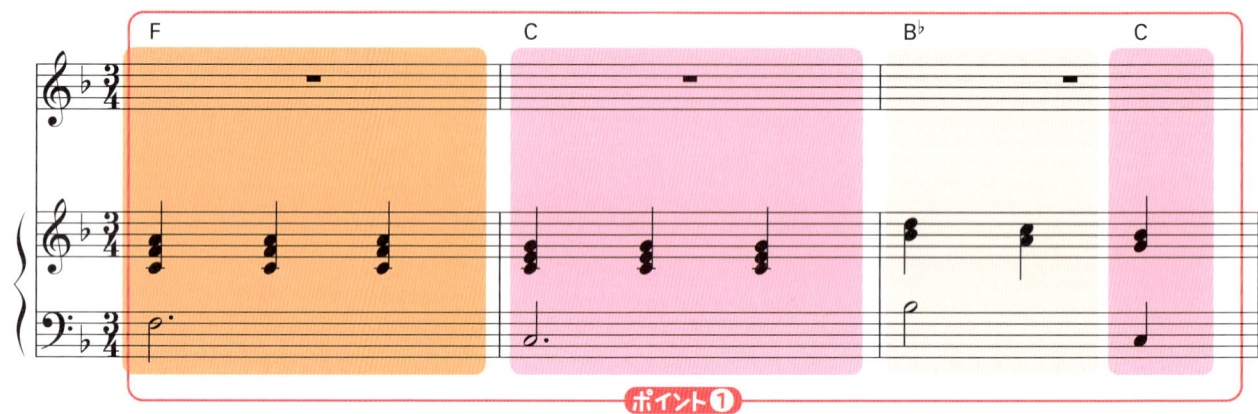

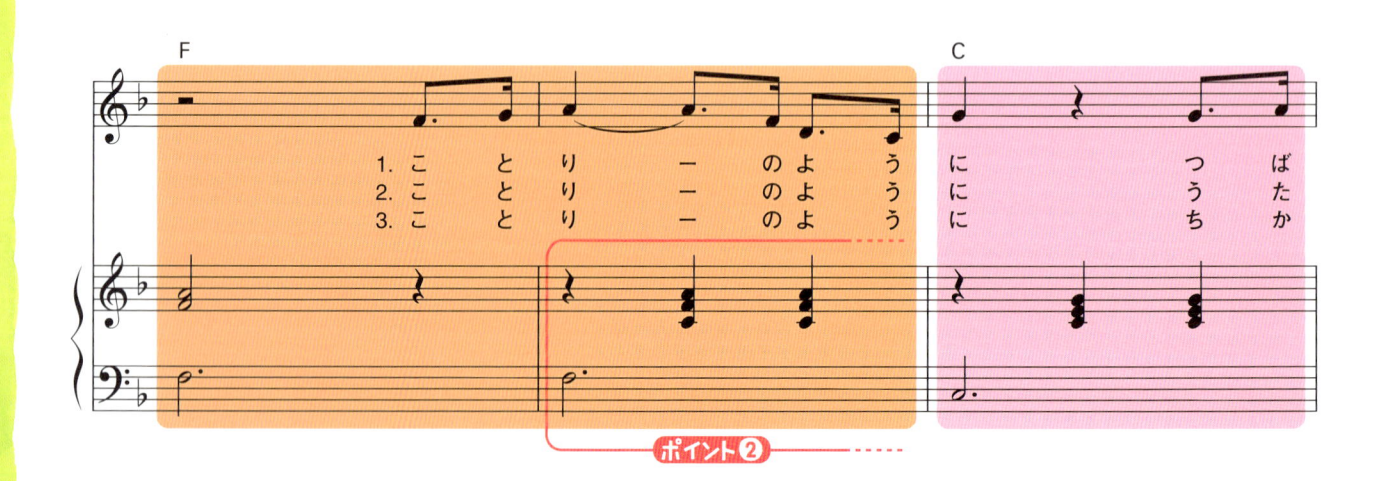

ポイント❹

ポイント❶ F / C / B♭ / C

1. こ と り ー の よ う に に つ ば た
2. こ と り ー の よ う に に つ ち か
3. こ と り ー の よ う

ポイント❷ F / C

出てくるコード F・C・B♭・F7

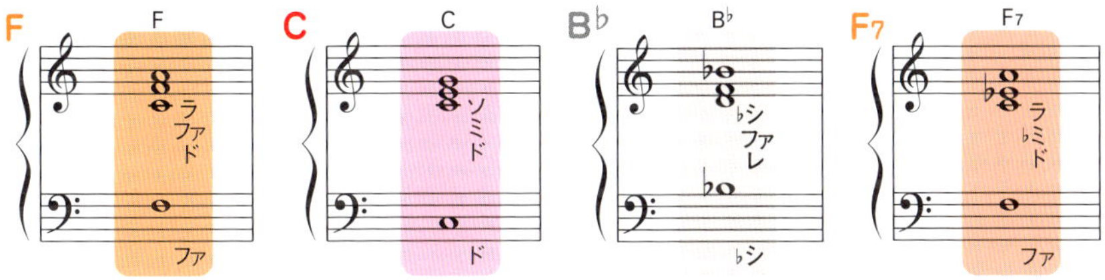

コードごとに色分けしているよ！ 楽譜の色と同じ色のコードを弾こう！ 押さえ方の例です

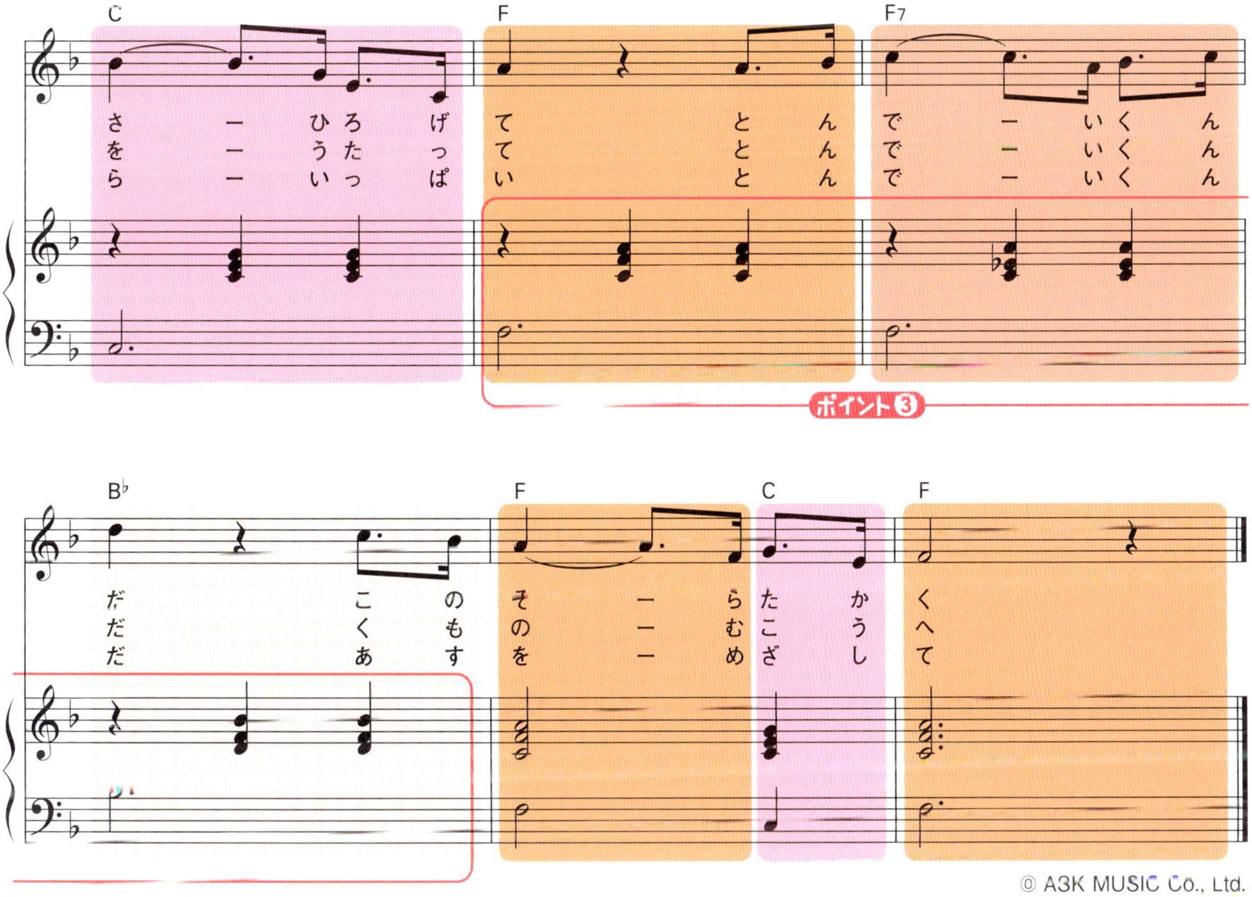

弾くときのポイントは次のページ

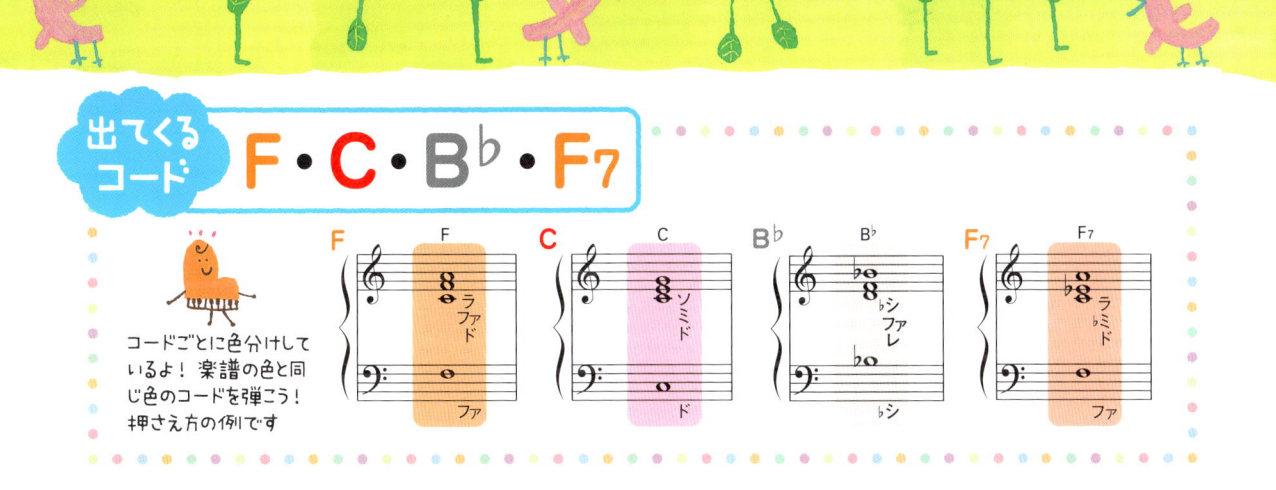

ことりのように

上達のポイント！

ピアノ伴奏は、歌を後ろから引き立てていくもの。間違えないように弾くことも大切ですが、心を込めて演奏することはもっと大事。みんなが歌いやすく弾けているかな？ ということも、時々チェックしながら練習してみてください。

コードが4〜5個でもっと楽しくなる！

ポイント 1 イントロの3小節目に気をつけて

簡単なイントロを付けてみました。間奏にも使ってくださいね。左手の3小節目、**シ♭**から低い**ド**に移動するのが、音が飛んでいて難しいですね。ここで急にテンポが遅くなったりしないように、練習しましょう。

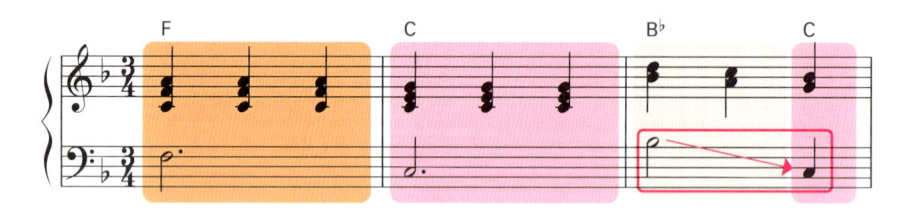

ポイント 2 ズン タッター のワルツのリズムで

基本的なワルツの伴奏です。左手で **ズン**、右手で **タッター** と覚えてください。つなげて **ズン タッター ズン タッター** と、リズムを刻んでいきます。急がず、たっぷりおおらかに弾くのが大切です。

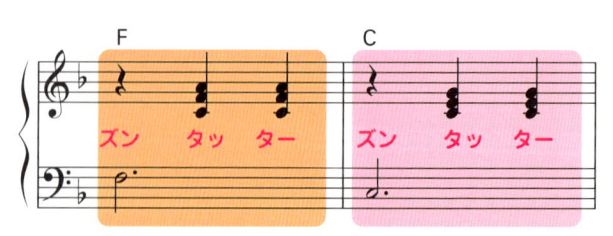

3拍子。ワルツのリズムだね

ポイント3 F7でコードの移動をスムーズに

F7というコードが出てきました。1つ前のコードが、何も付かないただのFです。楽譜を見て、音を確かめて弾き比べてみましょう。ミ♭がF7の特徴です。今までも、7という数字がコードによく出ましたが、ここでその特徴がよくわかると思います。7の音が入ると、次のコードへの移動がスムーズになるという効果があります。Fから直接次のB♭に移動しても、問題ないのですが、F7を挟むことによって音の響きが緩やかに経過していくわけですね。

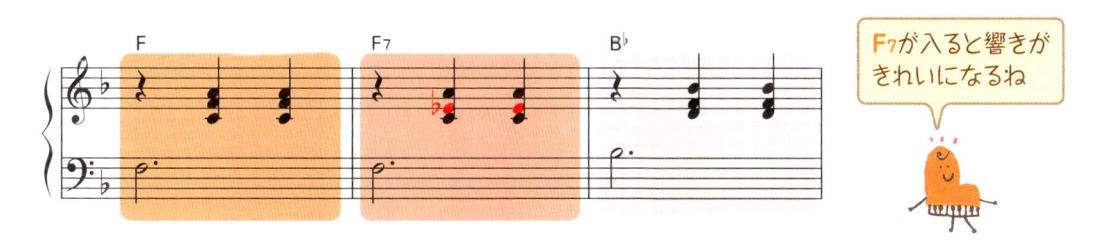

> F7が入ると響きがきれいになるね

ポイント4 ♪♪ = ♪♪(3連符) の表記について

この見慣れない表記は、**タッカタッカ** 跳ねて弾く印です。でも楽譜どおりの付点の音符のリズムで、ウマが走るようにしてしまうと情感が損なわれてしまいます。1拍を3分割にした3連符の1番目と3番目に弾くと思ってください。

このリズムを → このように弾きます。

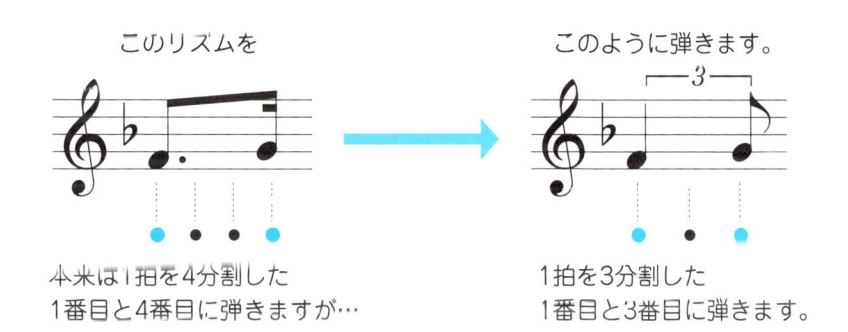

本来は1拍を4分割した
1番目と4番目に弾きますが…

1拍を3分割した
1番目と3番目に弾きます。

よくわからないなあ、という人は、**タッカタッカ** とするどく跳ねるのではなく、ちょっと緩やかに滑らかに跳ねる、という意味だと思ってください。しかもピアノのパートには出てこないので、ご安心を。

ネコのトラック

作詞・作曲／新沢としひこ

軽快なあそび歌です。歌はとっても簡単ですが、♭が1つ付いていますし、コードの種類も5つあります。シンプルな楽曲の中に、コード奏法のつぼが凝縮されていますので、ぜひマスターしてみてください。

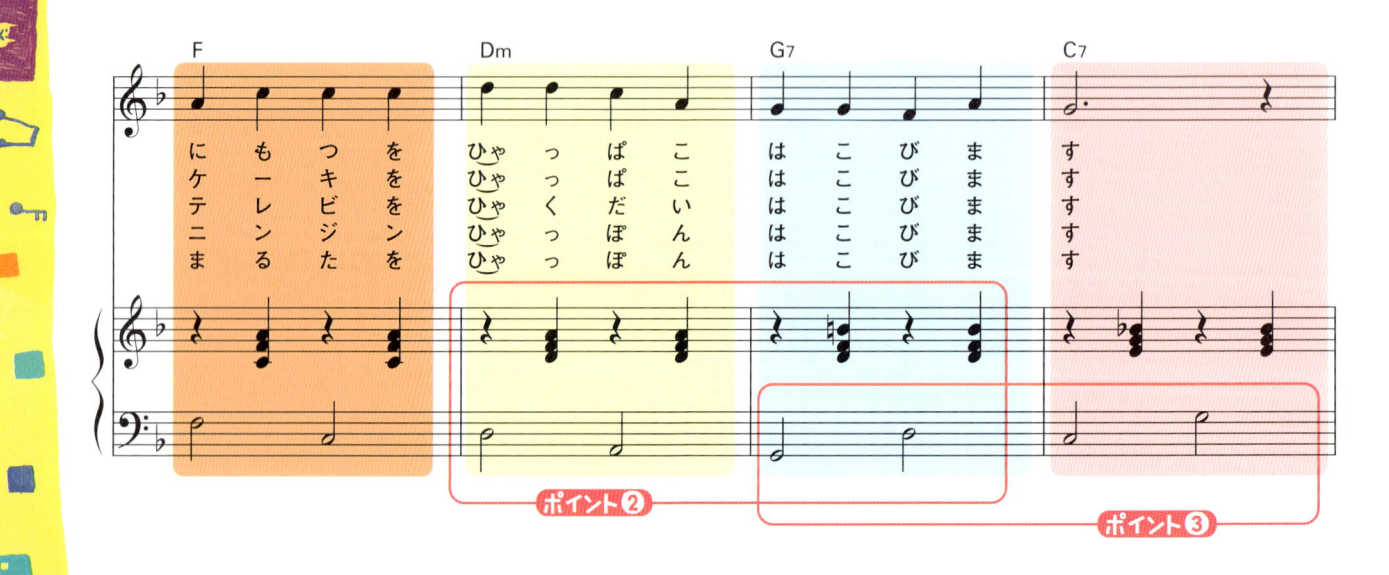

1. ネコのトラック ハハハ いややや びんさんさんさん
2. ブタのトラック ハハハ はしきーた びんさんさんさん
3. イヌのトラック ハハハ くかんおる びんさんさんさん
4. ウサギのトラック ハハハ たおでやま びんさんさんさん
5. ゾウのトラック ハ いややや びんさんさんさん

にケテニま／もーレンる／つキビジた／ををヲン を
ひゃっくだぽ／ひゃっぱだぽっ／ひゃここいん／ぱここぽん
ははははは／ここここ／びびびび／まままま
すすすす

ポイント❶　ポイント❷　ポイント❸

出てくるコード F・B♭・Dm・G7・C7

コードごとに色分けしているよ！ 楽譜の色と同じ色のコードを弾こう！ 押さえ方の例です

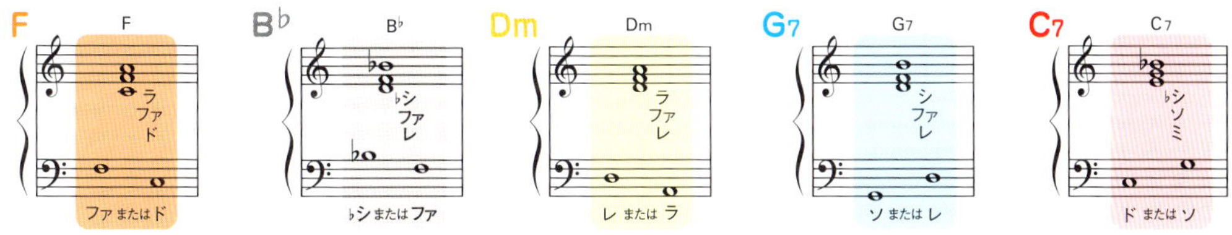

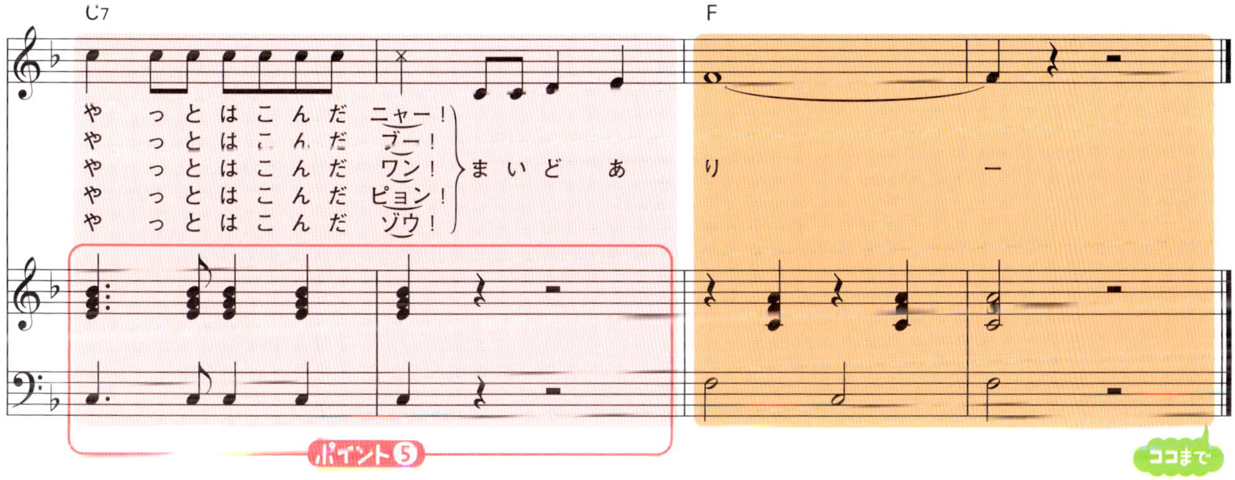

弾くときのポイントは次のページ

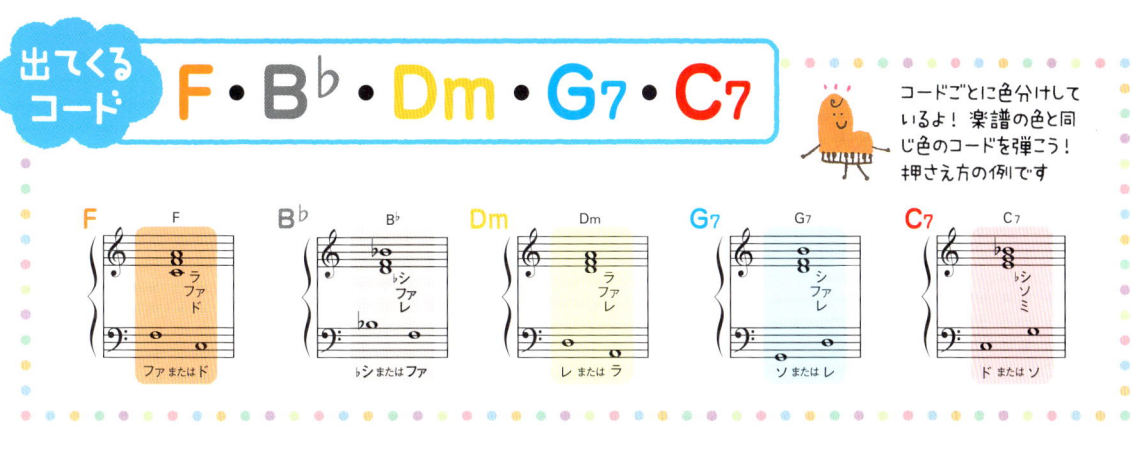

> コードが **4～5個**で
> もっと楽しくなる！

ネコのトラック

上達のポイント！

ピアノ伴奏はトラック競技のようなもの。**ブン チャ ブン チャ** のリズムの中、印象的なコードを弾いたり右手を動かしてみたり、400mトラックの次々にやってくるハードルを乗り越えながら、がんばって走り抜けよう！

ポイント 1 ブン チャ ブン チャ の基本のリズム

基本の伴奏パターンは **ブン チャ ブン チャ** です。**ブン** が左手、**チャ** が右手です。基本的にはこのスタイルで、コードが変わるだけ、と思ってください。

Fなら**ドファラ**、**B♭**なら**レファシ♭**などと、コードを見て、自動的にパッと押さえられる、そんなコードを増やしていくと、どんどん楽になっていきますよ。

ポイント 2 Dm→G7 を練習しよう！

Dmと**G7**は1回ずつしか出てきません。特徴的・印象的ですから、ちょっとがんばって弾いてみましょう。

この**Dm**と**G7**は400mハードル競技でいうと第2コーナーを回ったところにある最初のハードルですね。「あ、くるぞくるぞ、きたー！」という感じで、元気に飛び越えましょう。

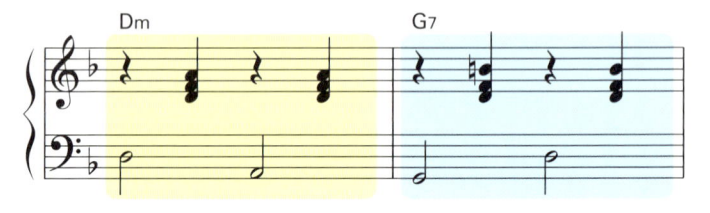

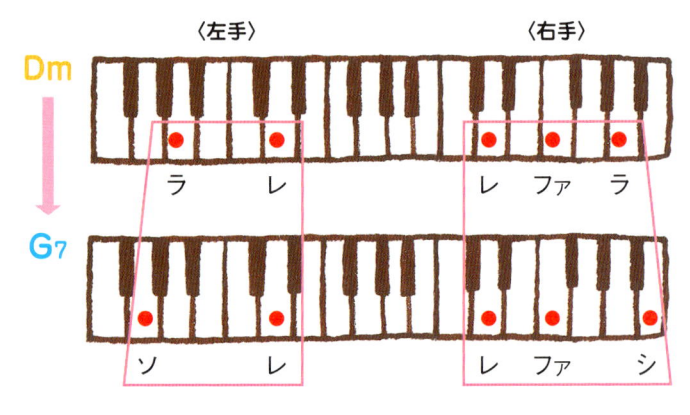

〈左手〉　〈右手〉

Dm: ラ レ ／ レ ファ ラ
G7: ソ レ ／ レ ファ シ

ポイント3 サビに向かって盛り上げよう！（カンタンな弾き方も!）

　この曲の左手は、基本的に1小節に2つの音があります。そして、ここの部分はよく見てみると低い**ソ**から**レ**、低い**ド**から**ソ**、とだんだん音が上がっていきます。後半のサビに向かって盛り上がってくるわけですね。また新しいハードルですが、挑戦してみましょう。何だか動かない…という人は、右のカンタンな方法で！　無理して間違えるより、省略してしまったほうがずっといいですね。

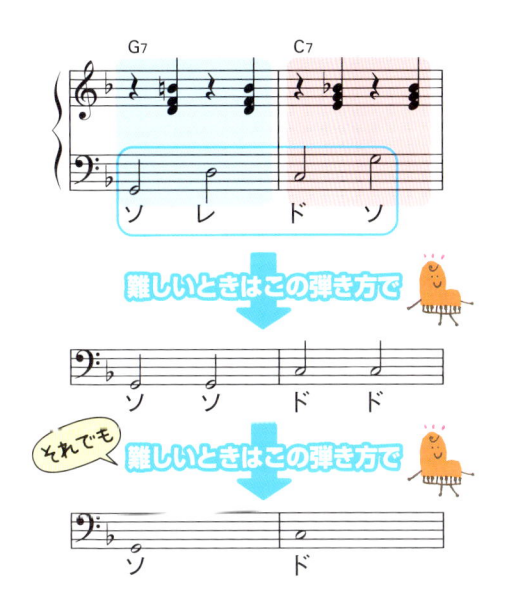

難しいときはこの弾き方で

それでも難しいときはこの弾き方で

ポイント4 できそうな人は挑戦してみて！

　ここは応用編で、ちょっとバリエーションを入れてみました。400mハードル競技の第3コーナーですね。右手の指をリズミカルに動かしますが、華やかに盛り上がるところですから、できそうな人はぜひ挑戦！　難しい人は**ポイント❶**と同じ **ブン チャ ブン チャ** のリズムでも問題ありません。こういう軽快な歌は、リズムを崩すことなく軽やかに弾くことが大事です。

右手だよ！

難しいときはこの弾き方で

ポイント5 チャーッカ チャッ チャ チャ（休み）

　さあ、最終コーナーにさしかかりました。付点も付いてリズムが今までとぜんぜん違います。**チャーッカ チャッ チャ チャ** と口ずさんで言ってみるといいかも。右手と左手が同じリズムですので、落ち着いて弾いてみましょう。その後は、休みます。この休みも意外と大事。しっかりリズミカルに休むわけです。そのために、歌声をちゃんと聞きましょう。歌いやすいように、子どもたちのリズムに合わせて弾く、ということがポイントなんですね。ここまできたら、もうすぐエンディング！　がんばって走り抜けてくださいね。

067

ともだちになるために

コードが4〜5個でもっと楽しくなる！

作詞／新沢としひこ　作曲／中川ひろたか

バラードに挑戦してみましょう。バラードはゆったりしているので、実はピアノは簡単。コードの種類も少ないですので、難しくないと思います。

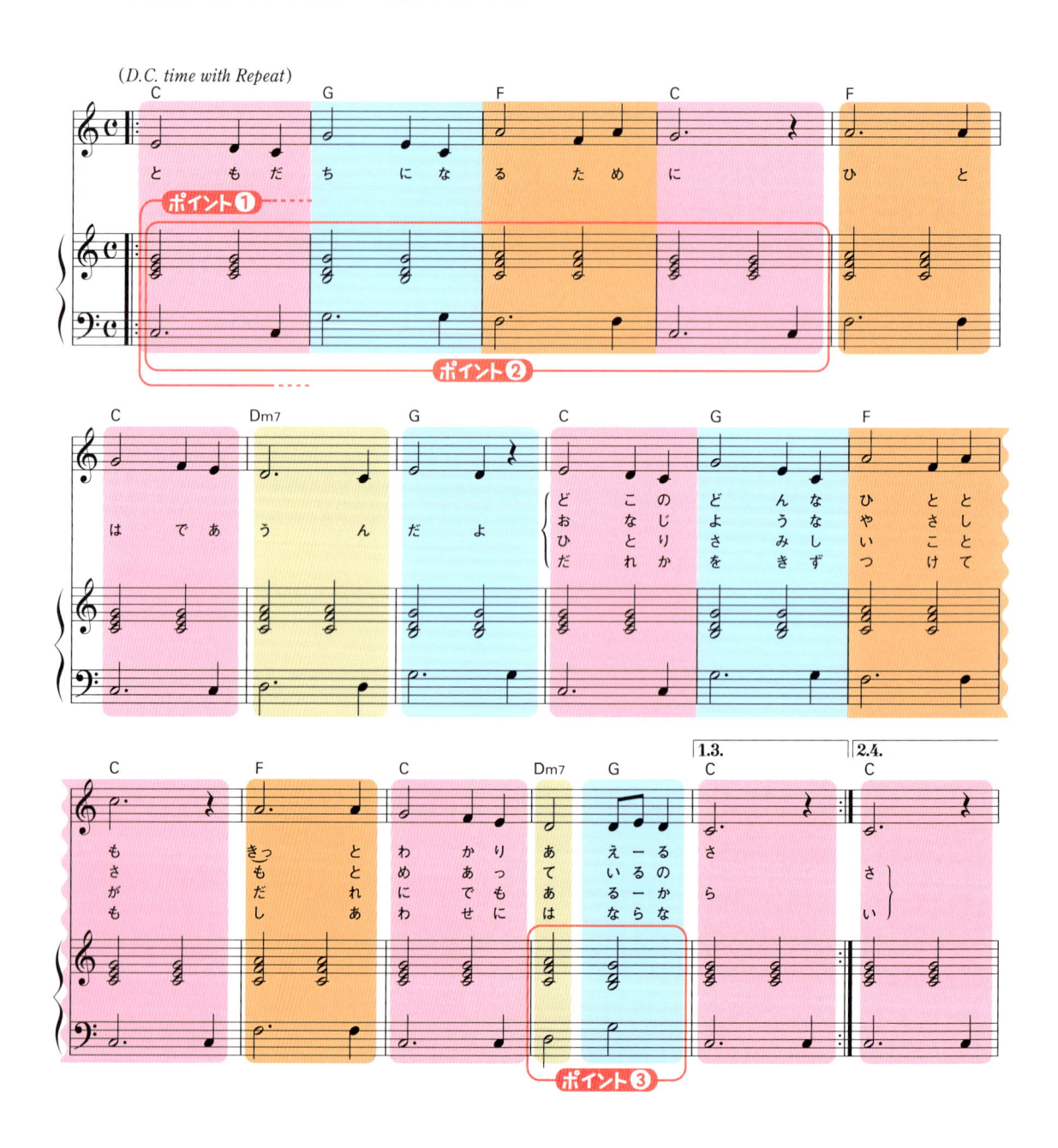

(D.C. time with Repeat)

C	G	F	C	F
と　も　だ	ち　に　な	る　ため	に	ひ　と

ポイント❶
ポイント❷

C	Dm7	G	C	G	F
は　で　あ	う	ん	だ　よ	どおひだ　こなとれ　のじりか	どよさを　ななしず　んうみき	ひやいつ　としとて　とさこけ

C	F	C	Dm7	G	1.3. C	2.4. C
も　さ　が　も	き　っ　と　と　だ　し　と　れ　あ	わ　め　に　わ	り　っ　も　に　か　あ　で　せ	あ　て　あ　は	え　る　る　の　か　な　い　る　ー　ら　な	さ　ら	さ　い

ポイント❸

出てくるコード C・G・F・Dm7

コードごとに色分けしているよ！楽譜の色と同じ色のコードを弾こう！押さえ方の例です

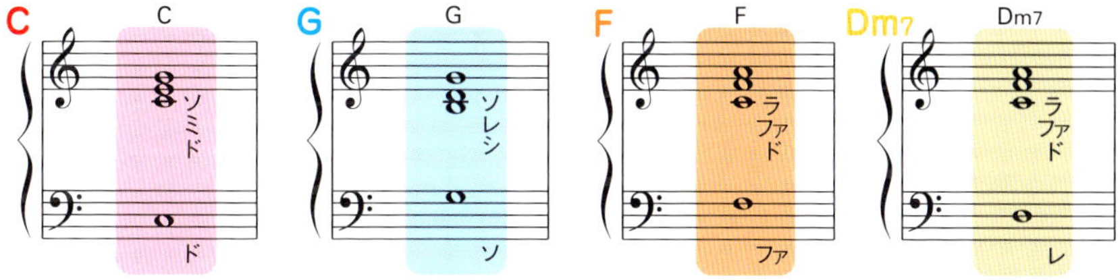

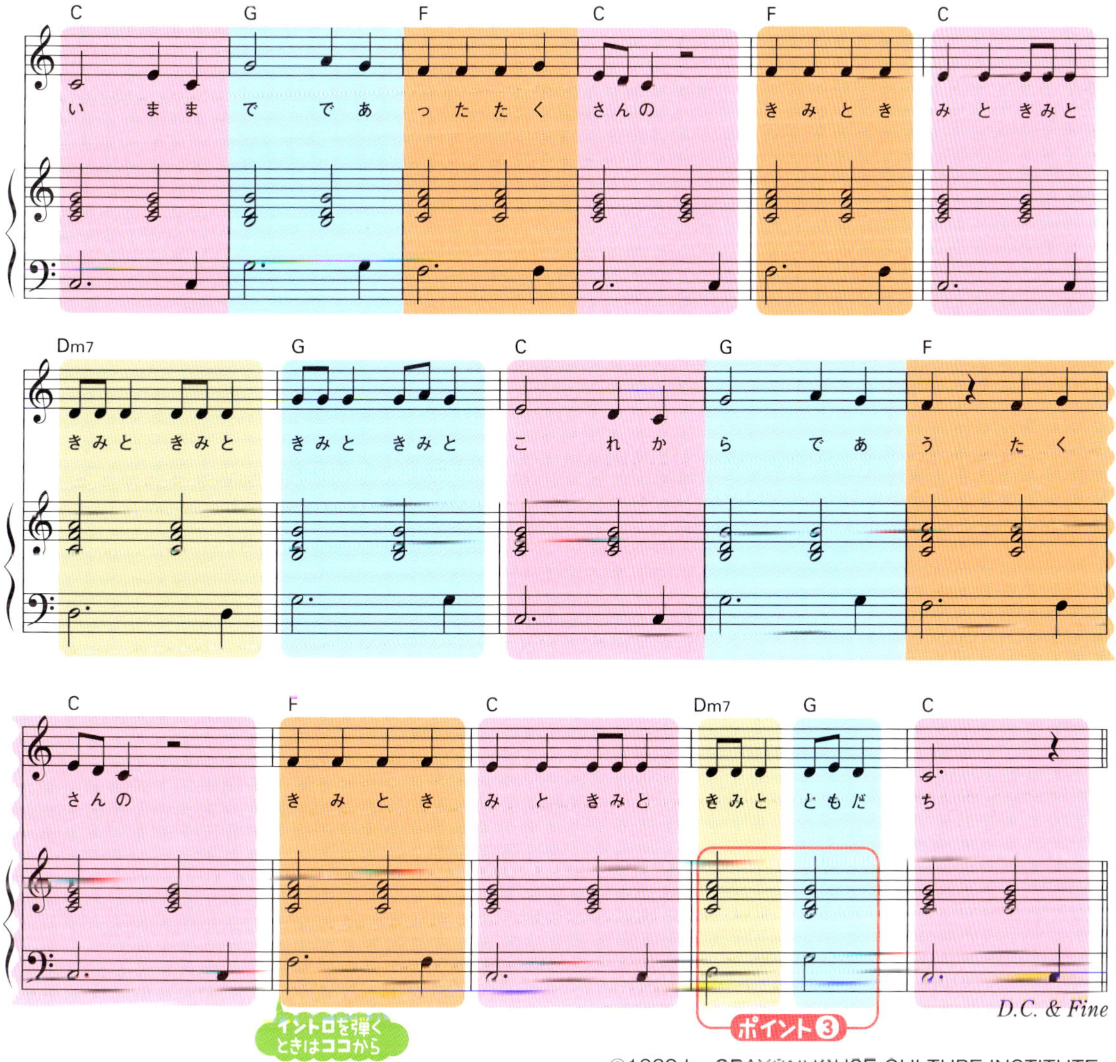

弾くときのポイントは次のページ

ともだちになるために

上達のポイント！

シンプルですが、気持ち良く弾ける名曲です。ビート感を出すところ、1小節に2つのコードが出てくるところに注意して弾きましょう。

ポイント1 ビート感を出す

右手と左手の弾くタイミングに気をつけましょう。左右、同じリズムでたたけば簡単ですが、それでは単純すぎて、つまらない感じになってしまいます。今回は1小節の中で、右手も左手も2回鍵盤をたたきます。1回目は、右手と左手が同時ですが、2回目は、左手が右手の1拍後になります。これがうまくいくと、グッとビート感が出て音楽的になります。

コードの種類が少なくて、シンプルな構成のものだからこそ、そこがポイントになりますので、がんばってみてください。

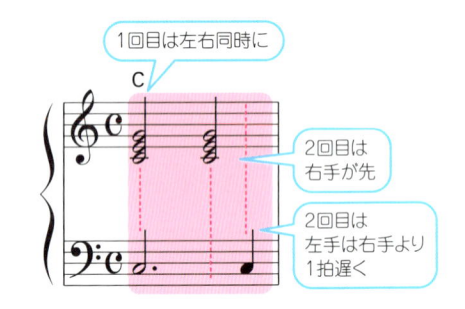

- 1回目は左右同時に
- 2回目は右手が先
- 2回目は左手は右手より1拍遅く

ポイント2 コード進行をマスターしよう　C→G→F→C

初めの4小節のコードの色に注目してみてください。ピンク→青→オレンジ→ピンク。この組み合わせ、ここ以外にも出てくるので探してみて。そう、全部で4回出てきますね。見つけられたかな？ つまり、このコード進行を覚えたら、この曲の半分は弾けるようになったっていうことですよ。

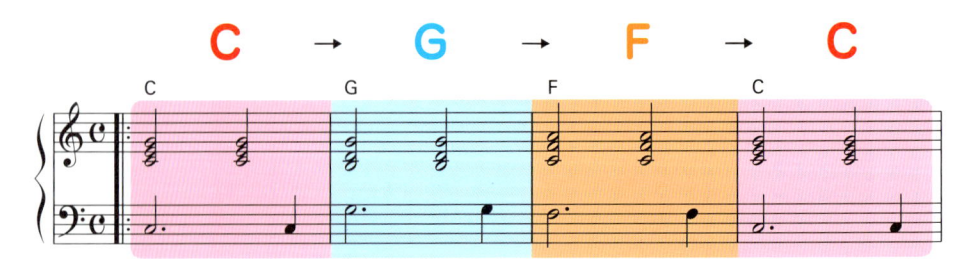

C → G → F → C

ポイント3 1小節に2つのコードを弾く

　ここは、1小節に2つのコードが入っています。気をつけて！この曲の中で2回登場しますが、どちらもメロディーの締めくくりに向かっての印象的な部分なので、がんばって弾いてみましょう。左手の音も**レ**から**ソ**へと移動しますが、リズムは左右いっしょ。**ジャーン ジャーン**と弾きましょう。

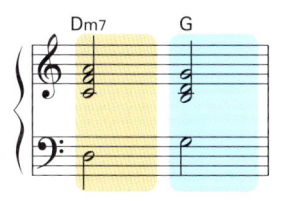

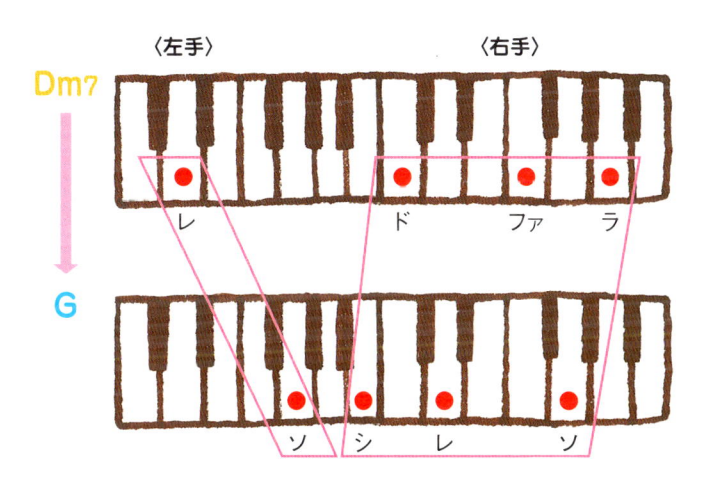

〈左手〉　〈右手〉

Dm7 → G

左手：レ　右手：ド ファ ラ
左手：ソ シ　右手：レ ソ

ジャーンジャーンと慌てず落ち着いて弾こう！

新沢としひこの ミラクルアドバイス5

ミュージシャンのつもりでノリノリで弾く！

　ピアノ伴奏で大事なことは、鍵盤を間違えないことではないんですね。もちろん間違った鍵盤はたたかないほうがよいわけですが、そればかりに気持ちがいって、リズムがおろそかになると、本当に歌いにくい伴奏になってしまいます。ミュージシャンになったような気持ちで、多少の不協和音は気にせず、ノリノリで弾くことのほうが大切なんです。ノリノリというと、アップテンポのロックンロールのときのようですが、実際はシンプルなバラードなどにそのノリが必要なのです。まずは自分が名演奏家になったつもりで、うっとりと弾いてみましょう。単純な演奏が、何となく哀愁を帯びて、情感のあふれる演奏になっていきますよ。

コードが4〜5個で **もっと楽しくなる！**

アニマルスイミング

作詞・作曲／新沢としひこ

夏らしいあそび歌です。動物になりきって泳ぐまねをします。バリエーションをどんどん考えて、ネコは、イヌは、タヌキは、ゾウは、など楽しく遊んでみましょう。伴奏は、ウマが走るようすを思い浮かべながら弾いてみてください。

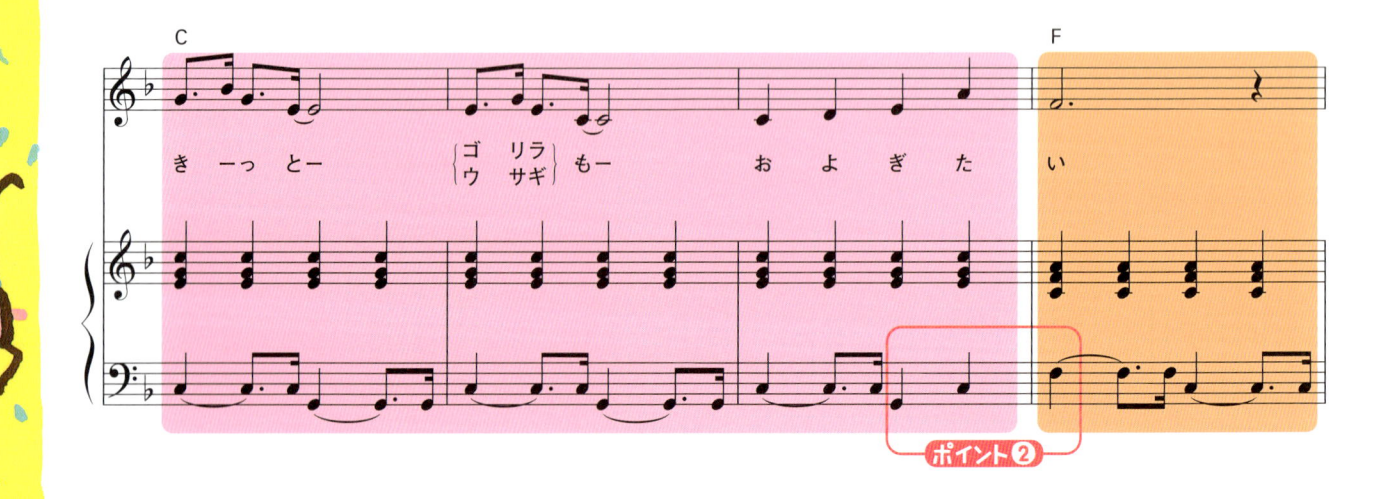

あついよー あついよー こんなひは

ポイント①

きっとー ゴリラ／ウサギ もー およぎたい

ポイント②

出てくるコード F・Gm・C・Dm

コードごとに色分けしているよ！ 楽譜の色と同じ色のコードを弾こう！ 押さえ方の例です

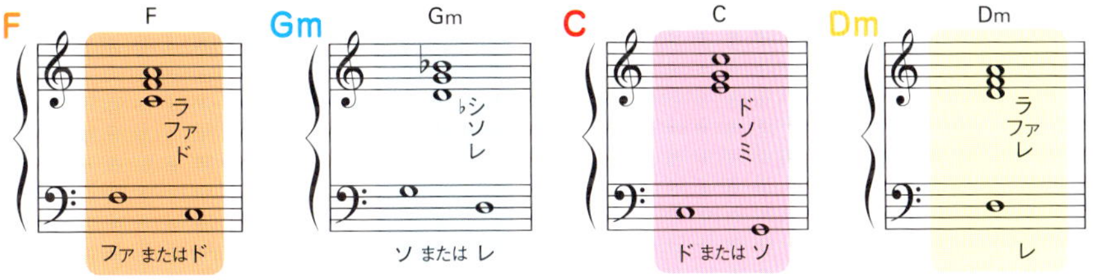

弾くときのポイントは次のページ

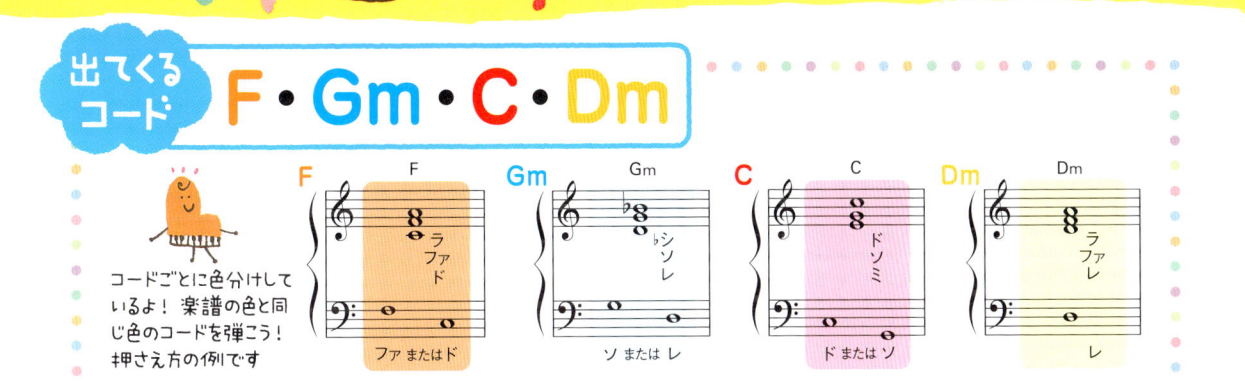

コードが4～5個で もっと楽しくなる！

たのしーい

アニマルスイミング

上達のポイント！

付点音符がたくさんある歌ですが、歌全体がずっと統一したリズムで流れているので、そんなに怖がることはないんですよ。この曲ではそのリズムをつかむことをひとつの課題にしていきましょう。

ポイント 1 パッカパッカ とウマが走るようなリズムで

　全体的に付点の音符があるリズムをシャッフルリズムといいます。よく「ハネる」といいますが、跳ねる感じのリズムということです。ウマが走るのを思い浮かべてみて！ **パッカパッカ** ひづめの音がしますよね。これ、**パカパカ** じゃなくて、**パッカパッカ** というところが大事。右手と左手を交互に机をたたいてみてください。**パカパカ…** そして **パッカパッカ…**。違いが感じられますか？ 拍をまじめに数えながら弾くとガチガチになってせっかくのリズムが軽快でなくなってしまいます。ウマが **パッカパッカ** 走るようすを思い描きながら、弾いてみてくださいね。

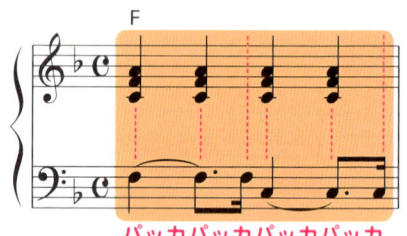

パッカパッカパッカパッカ

ポイント 2 踏み台のドで左手をスムーズに

　ここは、CからFへ移るときに、本来は左手は下のソからほぼ1オクターブ離れた上のファまで移動しなければなりません。でも、瞬時に指を移動させるのは難しいですよね。そこで、間に踏み台のドを配置しました。
　楽譜どおりに弾いて、どうしても指の動きができない、というときは、弾きやすいようにアレンジしたり、自己流に省略したりしても、ぼくはいいと思っています。難しいからやらない、というよりもずっといいです。

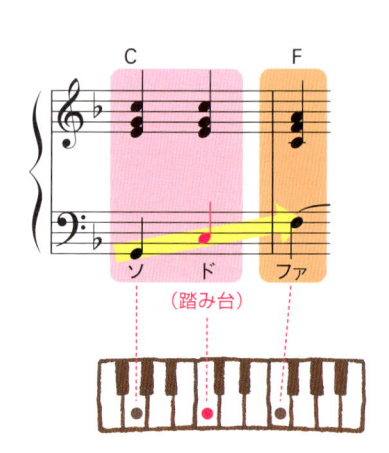

ソ　ド　ファ
（踏み台）

ポイント3 右手と左手のタイミングのズレに注意！

ここはコードがずっとFのまま同じなので、リズムだけに集中してください。簡単そうで実は難しいです。小節の頭は、右手と左手がいっしょなので簡単。でも次の音は、右手が左手よりもちょっとだけ先に出るのです。このズレによるリズムは、感覚的に体でつかみましょう。ここもウマが **パッカパッカ** 走るリズムに乗って、挑戦してみてくださいね。

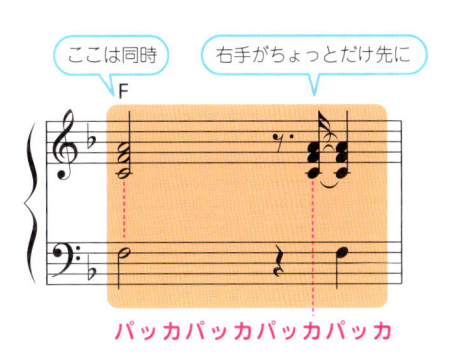

ここは同時　　右手がちょっとだけ先に

パッカパッカパッカパッカ

ポイント4 コード進行をマスターしよう

F→Dm→Gm→C

今度は、コードがどんどん変化します（F→Dm→Gm→C）。不慣れな人は右手で和音を次々と押さえていく練習をしてみましょう。できるようになるとこれが快感に！

何度も弾くうちに、コードの流れが手の感じでわかってくると思いますよ。

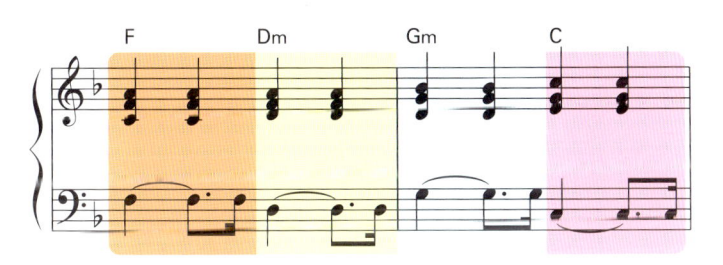

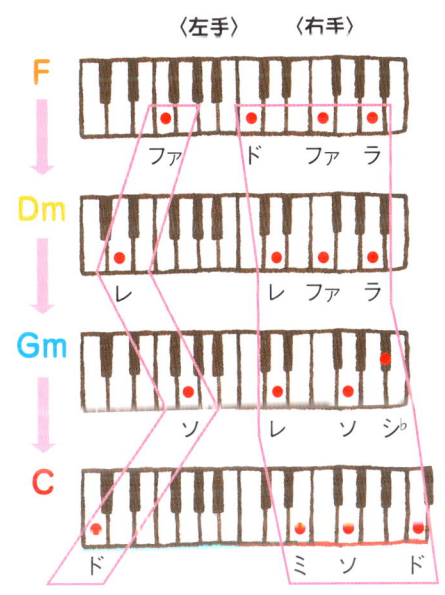

〈左手〉〈右手〉

F　ファ　ド ファ ラ
Dm　レ　レ ファ ラ
Gm　ソ　レ ソ シ♭
C　ド　ミ ソ ド

075

コードが4〜5個で**もっと楽しくなる!**

うれしいがいっぱい 卒園ソングとしても!

作詞・作曲／新沢としひこ

卒園の歌としてうたえる曲です。気持ちを込めながら落ち着いて弾いてください。4つのコードだけですし、リズムもシンプルですので難しくありませんよ。

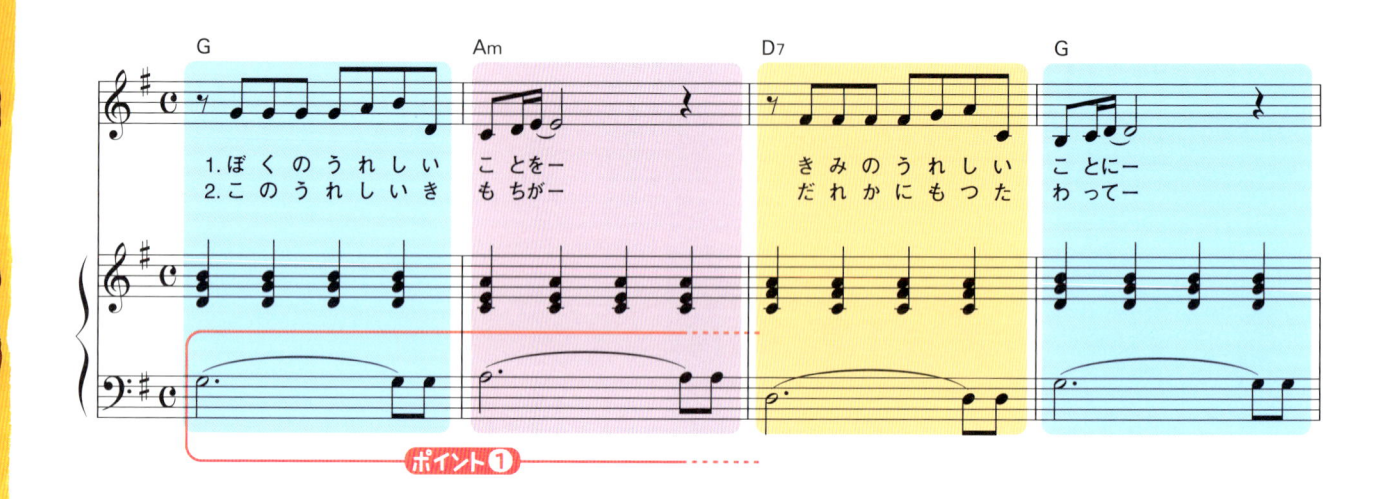

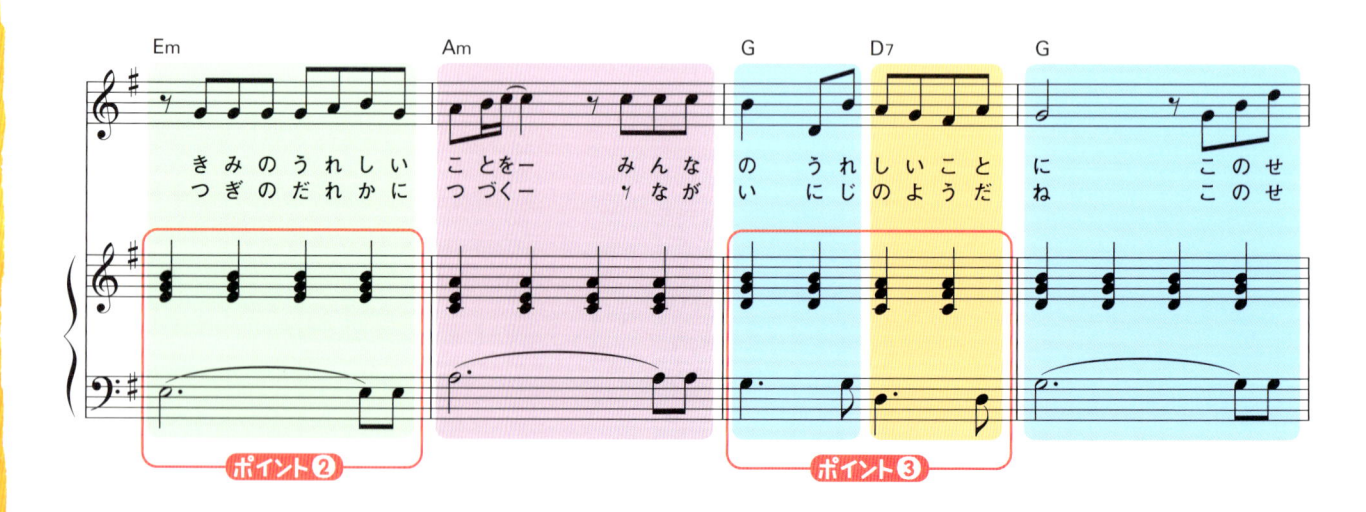

1.ぼくのうれしい／2.このうれしいき　ことを―／もちが―　きみのうれしい／だれかにもつた　ことに―／わって―

ポイント❶

きみのうれしい／つぎのだれかに　ことを―／つづく―　みんな／ながら　の／い　うれしいこと／にじのようだ　に／ね　このせ／このせ

ポイント❷　ポイント❸

この歌は、絵本『うれしいがいっぱい』(新沢としひこ／作　大島妙子／絵　ひかりのくに／刊)の挿入歌です。

出てくるコード G・Am・D7・Em

コードごとに色分けしているよ！ 楽譜の色と同じ色のコードを弾こう！ 押さえ方の例です

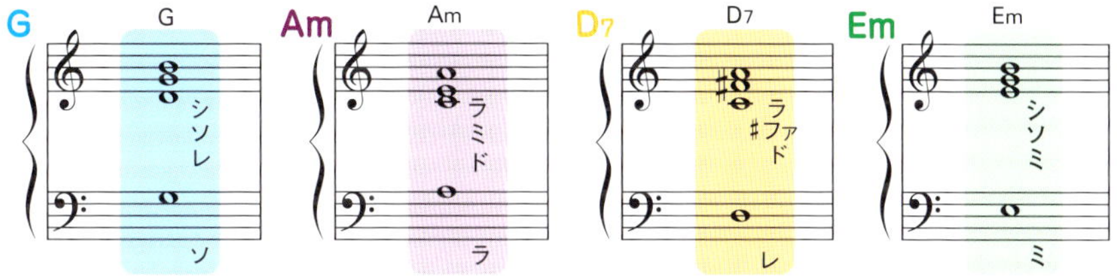

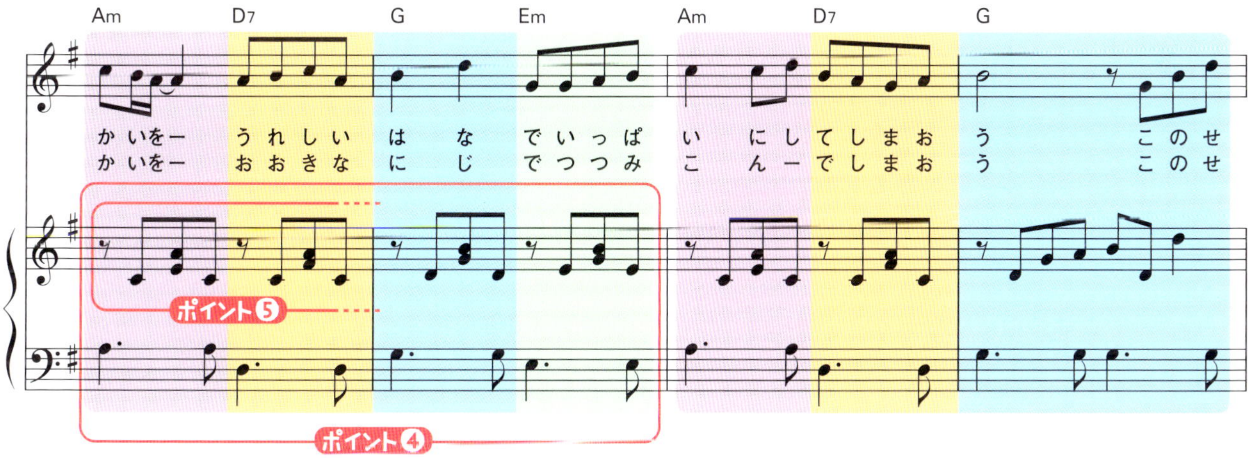

弾くときのポイントは次のページ

コードが4〜5個で
もっと楽しくなる！

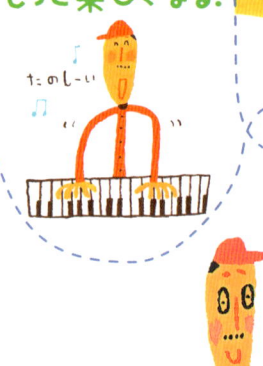

たのしーぃ

うれしいがいっぱい

上達のポイント！

この曲のようなト長調の曲はとにかく**G**が基本です。**G**さえ覚えておけば、弾くのに詰まってしまったときに**G**の音をパラランと弾いてごまかすことができますよ（半分冗談、半分ほんと！）。前半と後半のリズムの違いに気をつけて弾いてください。

ポイント1 左手は ズーーーッズ のリズムで音楽的に

右手がシンプルな分、左手は **ズーーッズ** とビートを刻む役割を左手にしてもらうことにしました。このほうがグッと音楽的で豊かな響きになります。

ポイント2 Emの存在感

この歌の基本である**G**を『水戸黄門』のご老公様とすると、助さん格さんが**Am**と**D7**です。ふたりは欠かせません。この3人がいれば、ドラマはどうにか回っていきます。そこに彩りを添えるのが**Em**です。役どころは「風車の弥七」あたりでしょうか。出てくると非常に印象的な響きになります。「弥七（**Em**）」の存在感を、弾いて耳で確かめてください。

ポイント3 1小節内のコードの変化

1小節の中でコードが変化します。前半では一度だけですが、後半はずっとそうです。コードの変化でテンポが急にゆっくりにならないように注意して、練習しましょう。すばやく弾けない場合は、全体的にゆったりしたテンポで弾いて、速さができるだけ一定になるように。

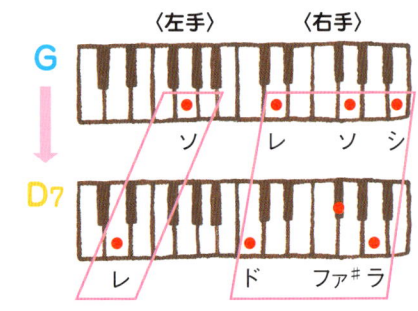

〈左手〉　〈右手〉
G
↓　　ソ　レ　ソ　シ
D7
　　　レ　　ド　ファ♯ラ

ポイント4 コード進行をマスターしよう！

Am→D7→G→Em

　Am→D7→G→Emの流れはとても大事です。延々と繰り返して弾いてみると、そうか、こうやってコードというのは流れているんだな、ということが実感できると思います。ぜひ練習してみて。

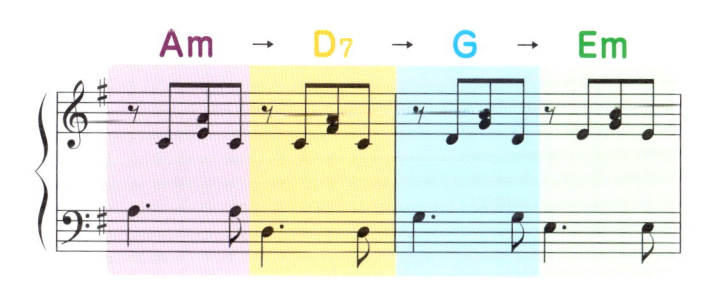

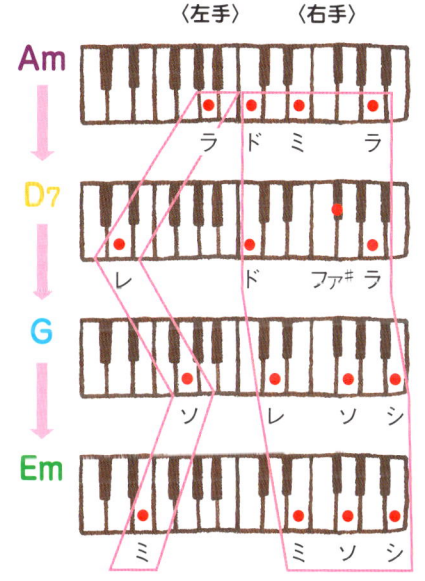

ポイント5 右手をアルペジオで

　後半は右手をちょっと難しくしてみました。前半は、**ダン ダン ダン ダン** と弾くシンプルな伴奏でしたが、ちょっと音をバラバラにしました。このように音を分けて弾く奏法をアルペジオといいます。アルペジオにすると、情感豊かで繊細な伴奏になります。ぜひチャレンジ！
　どうしても難しいという人は前半のように、和音をただ **ダン ダン** と弾いてもだいじょうぶ。無理はせず、ラクして伴奏しましょう。できるようになったら、アルペジオも挑戦してね。

アルペジオ

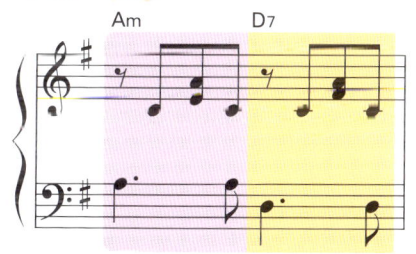

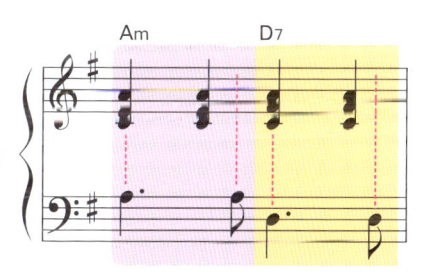

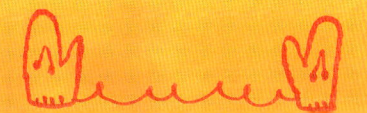

難しいときはこの弾き方で

カッパがわらう

作詞・作曲／新沢としひこ

この曲は、ピアノが嫌いな人には、ちょっぴりハードルが高く感じられるかも。でも、ポイントを押さえればとっても簡単です。軽快で楽しい曲ですので、挑戦してみてくださいね。

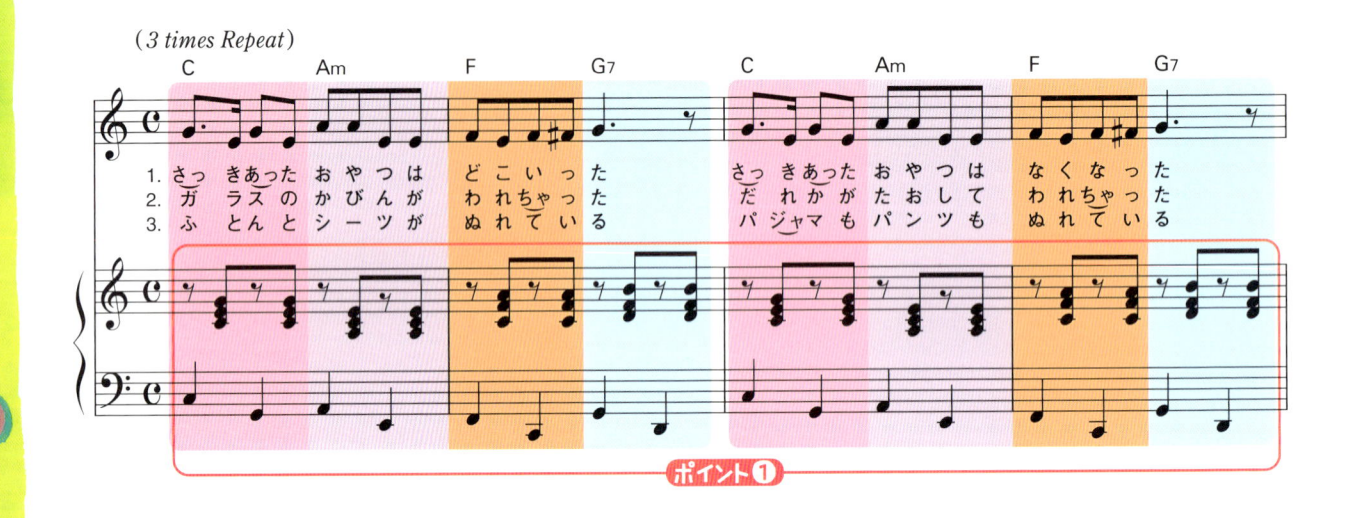

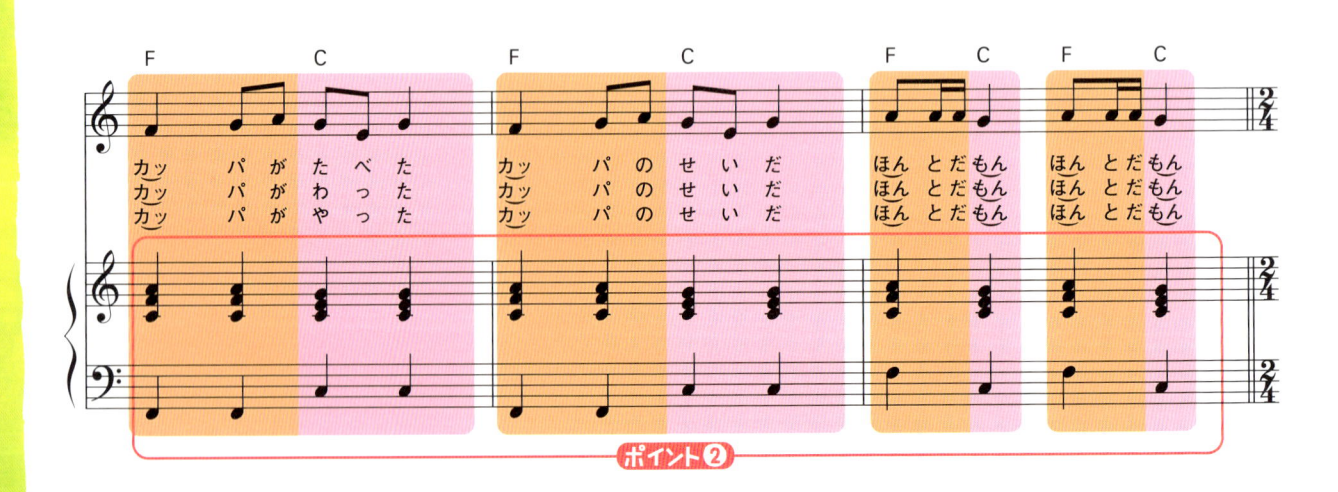

(3 times Repeat)

1. さっき あった おやつは どこ いっ た
2. ガラス の かびんが だれか が たおして
3. ふとん と シーツが パジャマ も パンツ も

なく なっ た
われ ちゃっ た
ぬれて い る

カッ パ が が たべ た
カッ パ が が や っ た
カッ パ の の せ い だ
カッ パ の の せ せ い い だ だ
ほん と だ もん
ほん と だ もん
ほん と だ もん

© ASK MUSIC Co., Ltd.

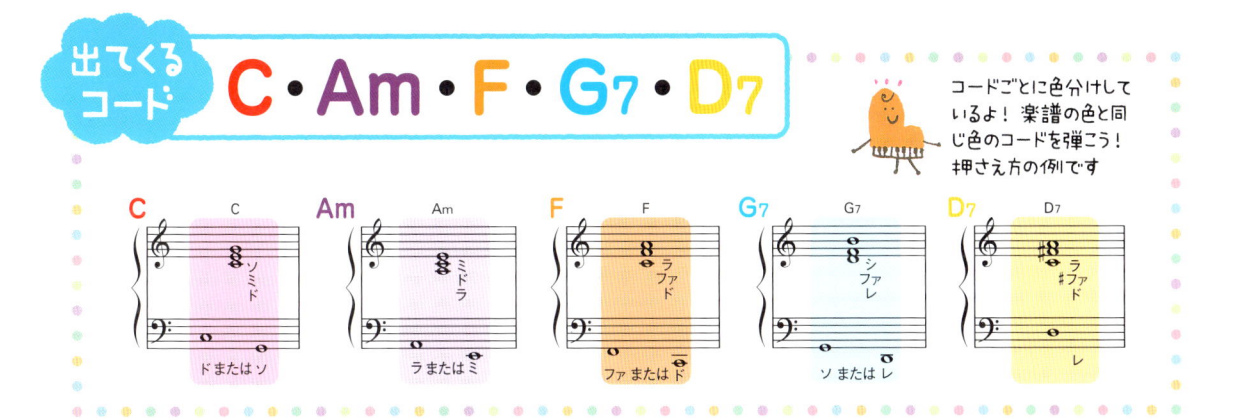

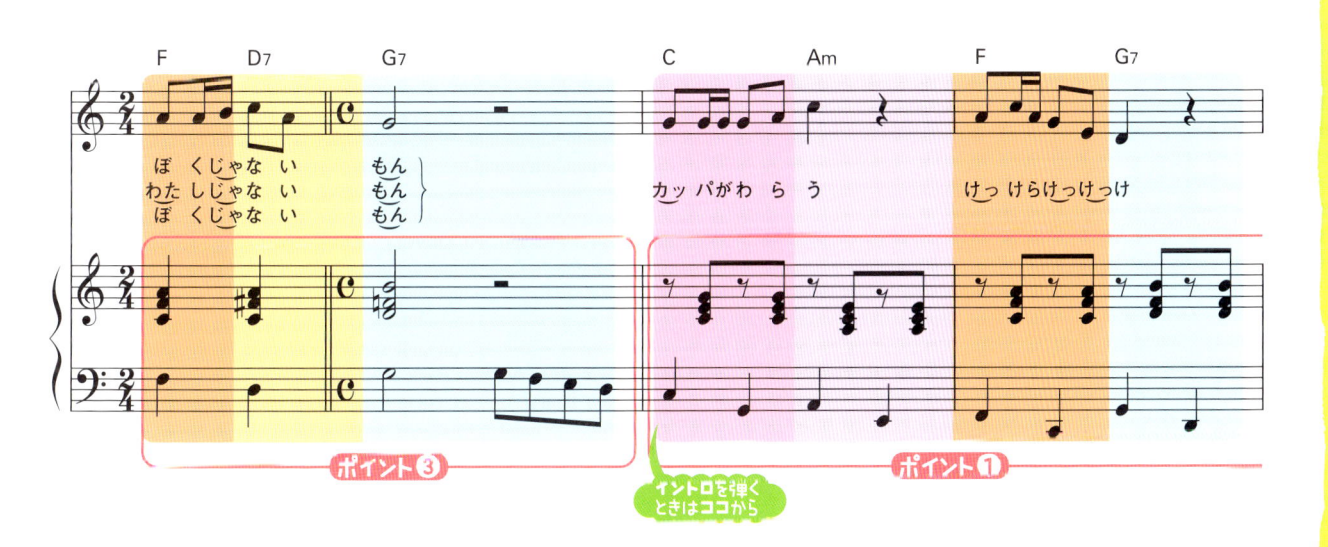

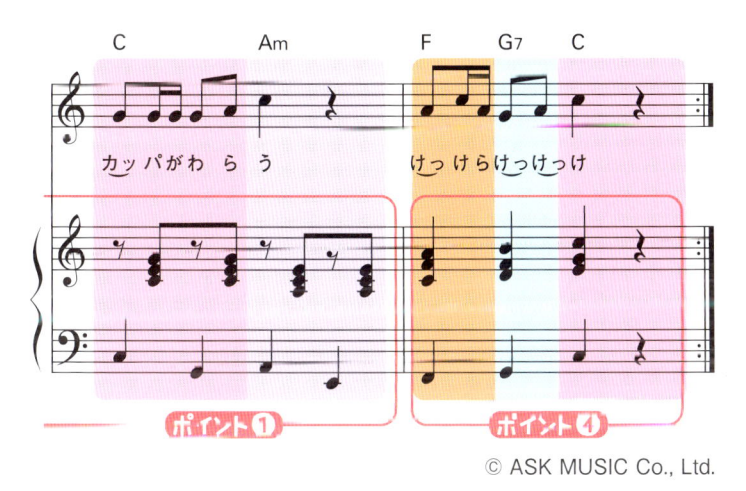

カッパがわらう

コードが4~5個で**もっと楽しくなる！**

たのしーぃ

上達のポイント！

いくつかのコード進行をかたまりで覚えることが、上達の秘けつです。コード進行のかたまりは4種類。**ポイント①~④**で1つずつマスターしていきましょう。

ポイント① 1つめのコード進行　C→Am→F→G7
（1~4小節目、10~11小節目）

このコード進行が、この曲の半分ほどを占めます。ですので、これだけは練習してください。最初の2小節がこの進行ですから、まずはそれを練習。マスターしたら、この曲は半分以上できています！　おお、簡単！　だってね、この**ポイント①**が何度も何度も繰り返されているからです。

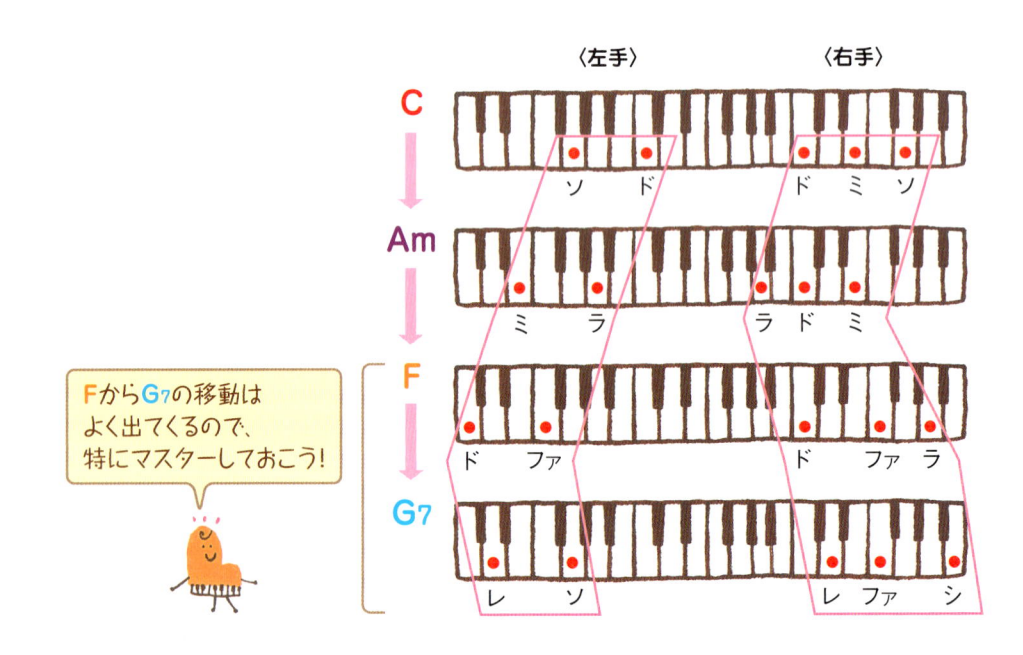

FからG7の移動はよく出てくるので、特にマスターしておこう！

〈左手〉　〈右手〉

C　ソ ド　　ド ミ ソ
Am　ミ ラ　　ラ ド ミ
F　ド ファ　　ド ファ ラ
G7　レ ソ　　レ ファ シ

ポイント2　2つめのコード進行　F→C　（5〜7小節目）

　FからCに移る指の感じを覚えてくださいね。**ポイント1**の2、4小節目に出てくる、FからG7への移動と、この**ポイント2**で出てくるFからCへの移動。この2通りの移動をマスターしておくと、今後非常に有用ですので、がんばってみてください。ここの最初の2小節は**FFCCFFCC**ですが、3小節目は**FCFC**と進行が倍の速さになっているので気をつけてね。

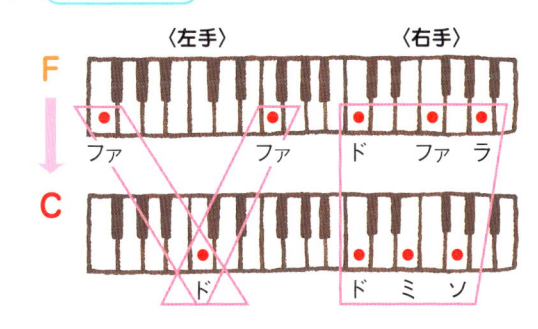

ポイント3　3つめのコード進行　F→D7→G7　（8、9小節目）

　このコード進行は、1回しか出てきません。そのぶん印象的ですから、しっかりマスターしましょう。そんなに難しくありませんよ。理屈で説明すると、**ポイント1**の後半2小節で**F→G7**という流れが出てきますね。その**F→G7**の進行の間に、補助的に（装飾的に）**D7**が入ってきただけのことなのです。伴奏には、そういうことがたくさん出てきます。一見難しそうですが、基本的には簡単だったりするんですよね。

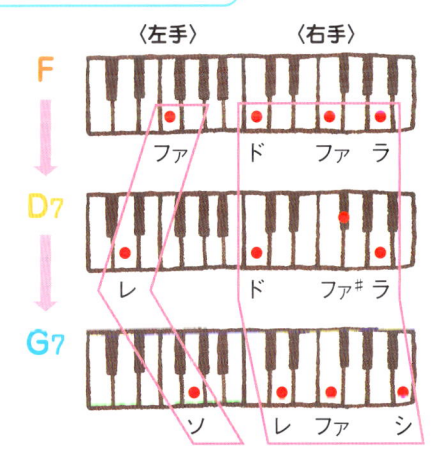

ポイント4　4つめのコード進行　F→G7→C　（最後の小節）

　最後に出てくるこの進行は、ハ長調（Cを基本にする調）の歌では最後のところによく出てきます。**チャン チャン チャーン**と指で覚えてしまいましょう。

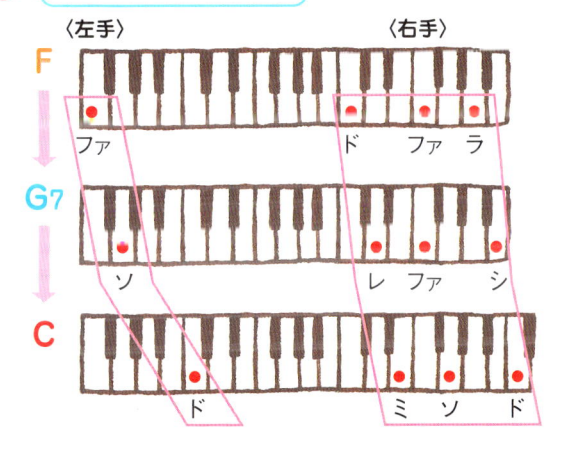

083

キラキラがいっぱい 卒園ソングとしても!

作詞・作曲／新沢としひこ

コードが4～5個で もっと楽しくなる!

コードが少なく、繰り返しの多い卒園の歌です。一見、音符の数が多いのでとても難しそうに見えますが、実際に弾いてみると簡単ですからダイジョウブです!

（ポイント❶、ポイント❷、ポイント❸）

(Repeat 4 times)

1. ポケットのなかには
2. ポケットのなかには
3. あそこにもここにも
4. けんかしてないて

キラキラがいっぱい
キラキラがいっぱい
キラキラがわらった
キラキラがないた

むこうのむねにーてあをあくした
ねにーてをあうすた
にーてをあうすた
ーてをうすたえ
てっれたばーらほ
ばーらほ
いいいあ
ままままふ
ももももれ
ーーーーひ
おおおおし
いりり
てだ
だだ
すよ
よー
するさ
チョンみ
くさ

出てくるコード F・Gm・C・B♭

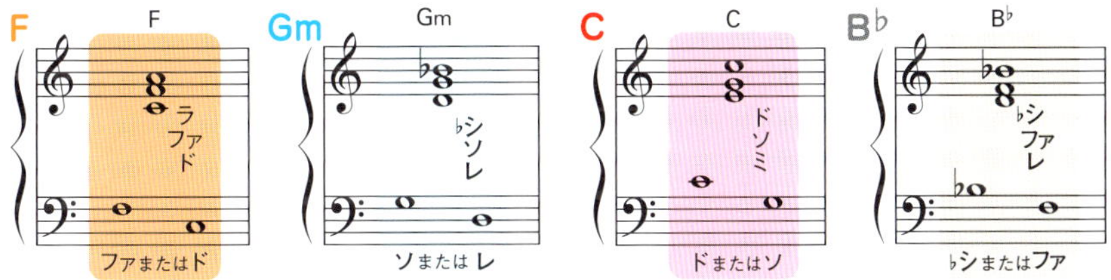

コードごとに色分けしているよ！ 楽譜の色と同じ色のコードを弾こう！ 押さえ方の例です

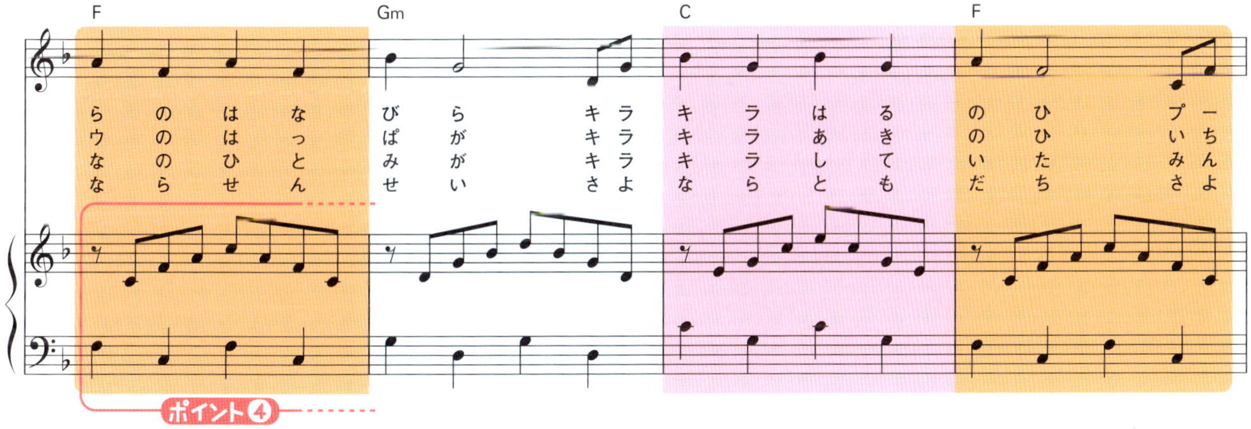

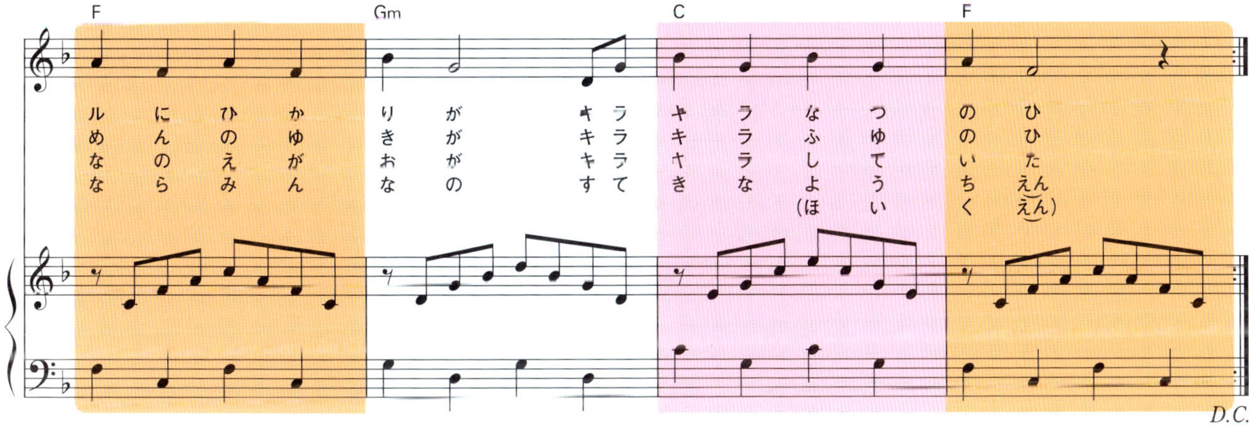

弾くときのポイントは次のページ

コードが4〜5個で もっと楽しくなる！

たのしーい

キラキラがいっぱい

上達のポイント！

4つのコードと曲の前半、後半のリズムパターンをマスターしましょう。難しそうなところは弾きやすいように変えてもいいですよ。流れを崩さないようスムーズに弾くようにしましょう。

ポイント1 イントロ部分に挑戦しよう！

間奏、エンディングにも使えますよ。がんばって楽譜どおりに弾いてみましょう。どうしても無理な人は、下のように歌の1小節目のFの伴奏部分を2小節分弾いてごまかしてもいいですよ。がんばりすぎて、つらくなって、ピアノが嫌いになってしまうと大変ですからね。ラクに、楽しく弾きましょう。

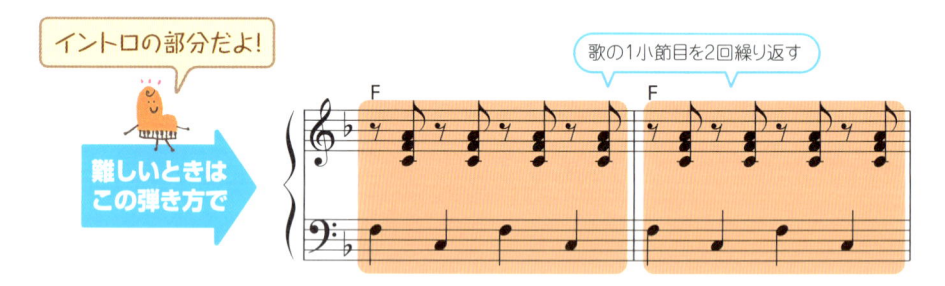

イントロの部分だよ！

難しいときはこの弾き方で →

歌の1小節目を2回繰り返す

ポイント2 前半のリズム〜ブン チャ ブン チャ〜

基本のリズムは、左手と右手を交互に **ブン チャ ブン チャ…** とたたきます。**ブン** が左手の単音、**チャ** が右手の和音です。太鼓をたたくような気持ちで、軽快に弾いてくださいね。

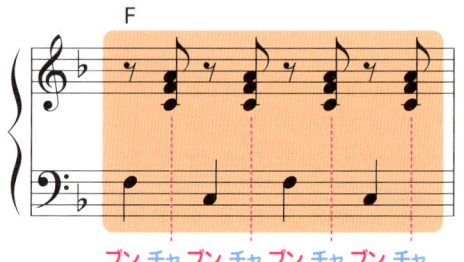

ブン チャ ブン チャ ブン チャ ブン チャ

ポイント③ 1小節に2つのコードを弾く

　1小節に2つコードが入ってくるところがポイント。この曲の中で2回出てきますね。コードの移動を指が覚えるように、がんばって練習してみましょう。右手の**B♭**は黒鍵が出てくるのでめんどうくさいと思いますが、慣れると、今後とっても便利。ただし、そこだけゆっくりになったり、焦って速くなったりしないよう練習しましょう。

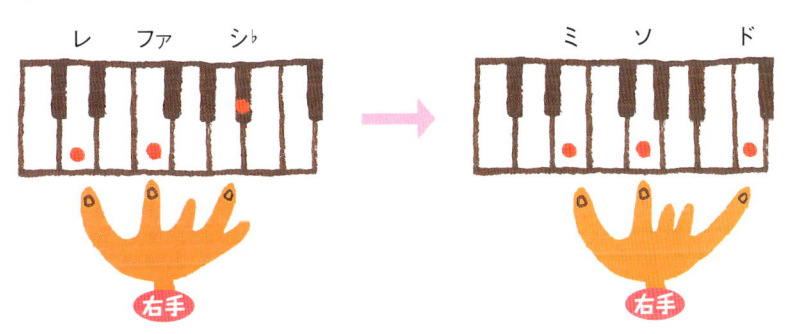

　もし、やっぱり難しいということであれば、楽譜では **ブン チャ ブン チャ ブン チャ ブン チャ** と **ブンチャ** が4回出てきますが、**ブーン チャー ブーン チャー** と音を伸ばす分2回に減らしてラクに演奏しましょう。全体のテンポ感がキープできれば、それでOKですよ。

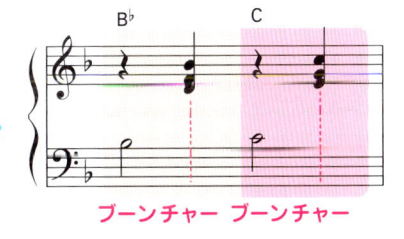

ブンチャ ブンチャ ブンチャ ブンチャ　　難しいときはこの弾き方で　　ブーンチャー ブーンチャー

ポイント④ 後半のリズム〜アルペジオ〜

　アルペジオは、和音をバラして弾く伴奏です。左手は、前半と同じ。サウンドが広がった感じがしますので、できたら挑戦してみてください。ちょっとやってみて、ああ、難しい、とてもじゃないけどできない、ということであれば、前半と同じリズムパターンで弾いても、ぜんぜん問題ありません。でも余力がある人は、チャレンジしてね。これからも、たくさん使えますよ。

> アルペジオが難しかったら前半みたいに **ブンチャ ブンチャ…** のリズムで弾くといいよ

かめの遠足

コードが4〜5個でもっと楽しくなる！

作詞／新沢としひこ　作曲／中川ひろたか

とてもやさしく歌いやすい曲です。コードもほとんど3つしか出てきませんので、とっても簡単!!
あまりに簡単なので、ピアノ伴奏のパターンを3つ入れ込んでみました。

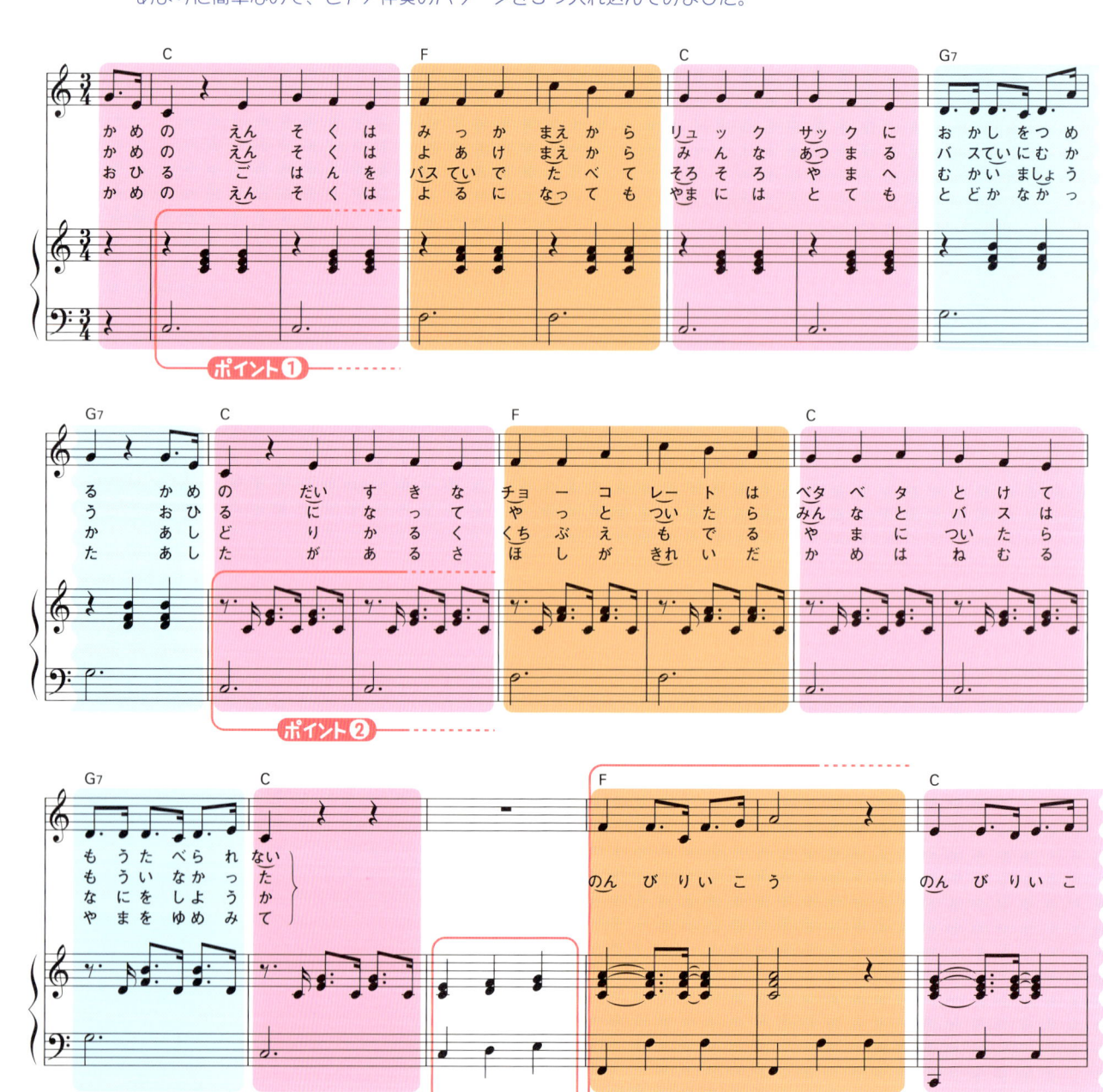

出てくるコード： C・F・G7・C7

コードごとに色分けしているよ！楽譜の色と同じ色のコードを弾こう！押さえ方の例です

- C：ソミド／ド
- F：ラファド／ファ
- G7：シファレ／ソ
- C7：シソミド／ド

う　いそいでいくと　すぐおわるだろう　のんびりいこう

ポイント⑤　イントロを弾くときはココから

のんびりいこう　ゆっくりいけば　まだまだつづく

ココまで　**ポイント③**

© 1989 by CRAYONHOUSE CULTURE INSTITUTE

弾くときのポイントは次のページ →

コードが4〜5個で もっと楽しくなる！

たのしーい

かめの遠足

上達のポイント！

ポイント❶❷❹の3つの伴奏パターンをマスターしましょう。でも、子どもたちが歌いやすいことがいちばん大切ですから、難しければ自分が気持ち良く弾ける伴奏パターンで、弾いてもいいですよ。

ポイント❶ ズン チャッ チャ のリズム

ズン チャッ チャ といういちばんシンプルな伴奏です。左手で ズン とベース音を弾いて、右手が チャッ チャ と追いかけます。とにかくこのパターンだけはマスターしましょう。これでC、F、G₇が弾ければ、この歌はだいじょうぶ！ ポイント❷以降の伴奏が難しかったら、ずっとこのまま最後までいっても、まったくかまいません。

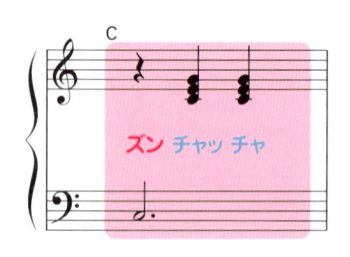

ズン チャッ チャ

ポイント❷ ズン ト チャント チャント のリズム

ズン ト チャント チャント と、ポイント❶よりも細かくリズムを刻みます。左手は最初の ズン だけ。あとの ト チャント チャント は右手で。音の数は多めですが、やってみると難しくないですよ。のんびりした歌なので、焦らずにゆったりと弾いてみてください。

ズン ト チャント チャント

090

ポイント3 次の展開へつなぐフレーズ

CとFをつなぐフレーズを入れてみました。この **ダンダンダン** というフレーズは耳にも残りますし、次の展開にいく合図にもなるのでとっても便利です。

また、ラストにカッコつきでこのフレーズを持ってきました。これを弾くと、あら不思議、もう一度サビを繰り返して歌いたくなります。そう！ サビのフレーズをリフレインしたいときは、このフレーズを弾くとよいのです。終了する場合は、その前の小節で終わりましょう。

ポイント4 ズン チャッカ チャ のリズム

左手は **ズンチャッチャ** とリズムを刻みます。親指と小指で1オクターブ離れているので少し難しいですが、がんばってほしいです。だけど、できないと思ったら初めの1音だけを、**ズンズンズン** と3回弾きましょう。

右手は、タイ記号がたくさんあるので、弾くのは1小節で2回だけ。1回目は左手の **ズン** と同時、2回目は左手の最後の **チャ** より少し前にずらして弾くだけ。こうすることでビート感が生まれてくるわけです。

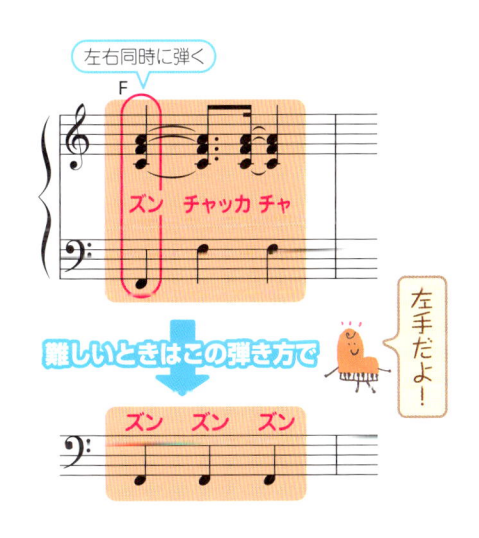

左右同時に弾く

難しいときはこの弾き方で

左手だよ！

ポイント5 7の付くコード（C7）

Cのコードに**シ♭**を加えました。それを**C7**と呼びます。それだけで、何かが変わることを感じてもらいたいです。なんだかFにいきたくなるんです。**7（セブンス）** というのはそういう効果があります。

ほかに、**G7** というコードもよく出ますが、**G7はC**にいきたくなるコードです。この曲で見てもらってもわかりますが、持っている楽譜集を見てみてもおもしろいですよ。コードの世界がわかってくると、ピアノももっと楽しくなりますね。

> 楽譜をよく見ると、C7の次はF、G7の次はCだね。法則みたいでおもしろいね

スマイル

作詞／新沢としひこ　作曲／中川ひろたか

> 音符がいっぱいで、一見大変そうに感じるかもしれませんね。でも繰り返しが多いだけで、とっても簡単です。怖がらずに挑戦してみてくださいね。歌のとおり「スマイル」で、ニコニコ弾くのがコツですよ。

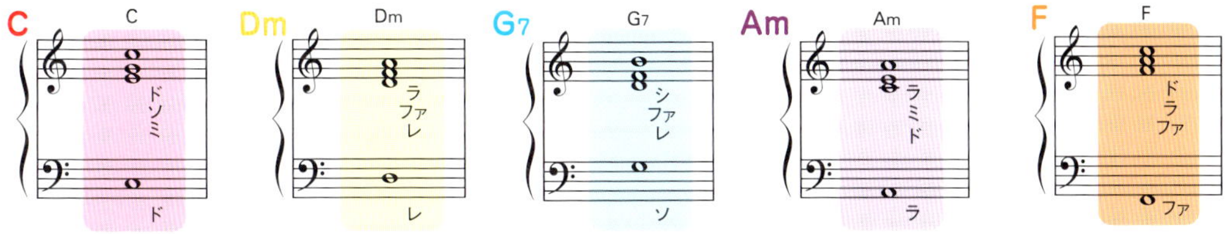

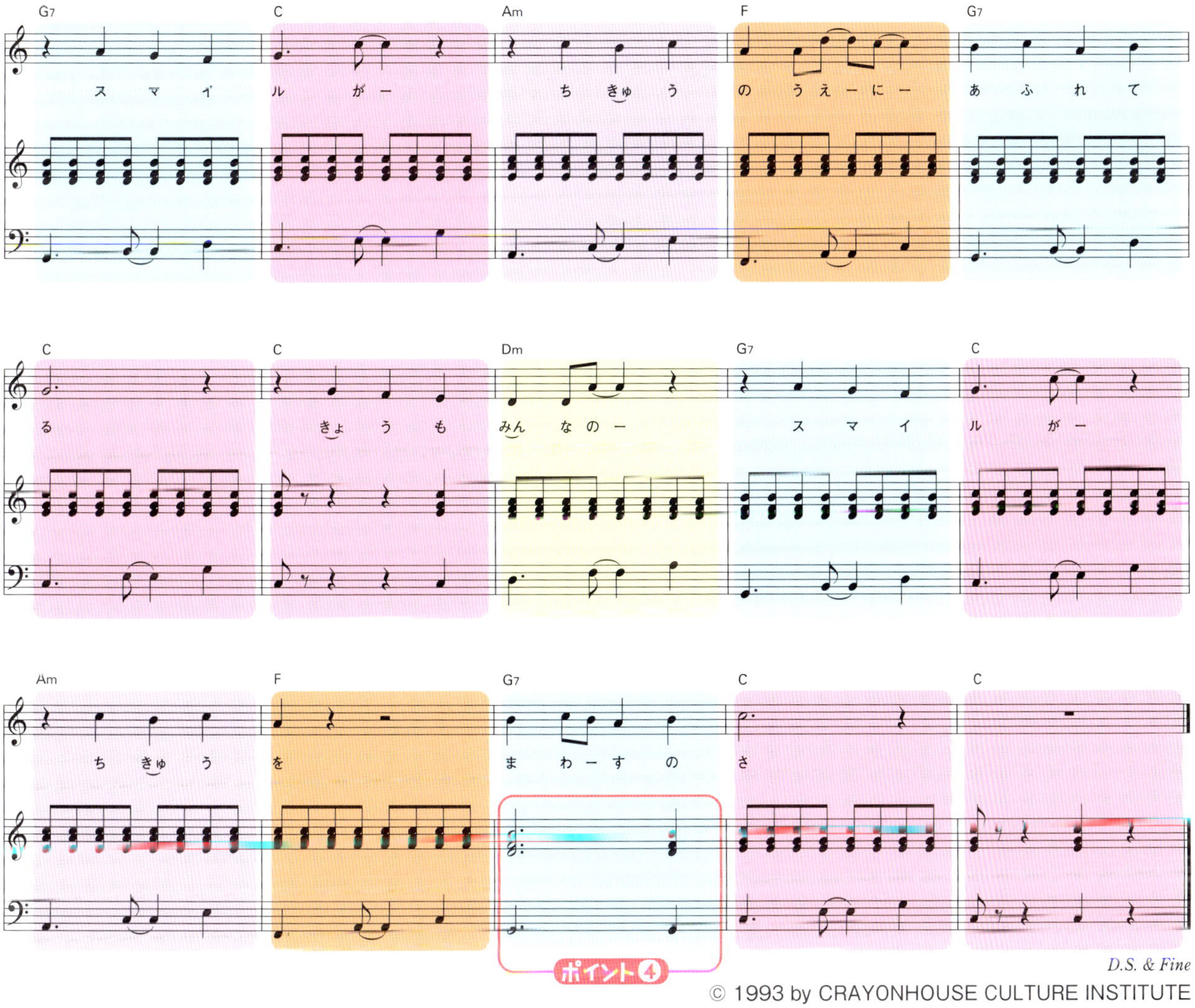

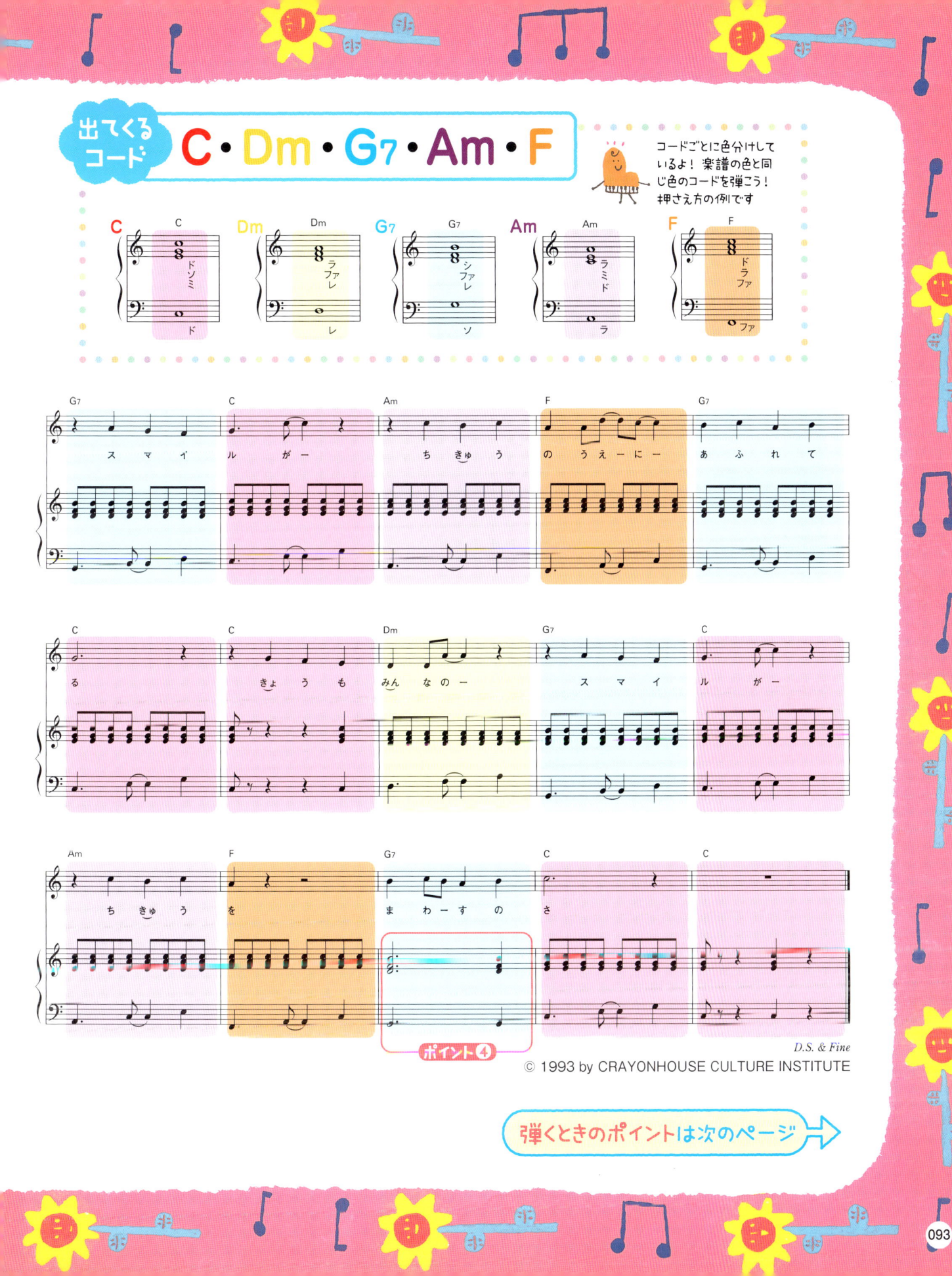

> コードが4〜5個で
> もっと楽しくなる！

スマイル

上達のポイント！

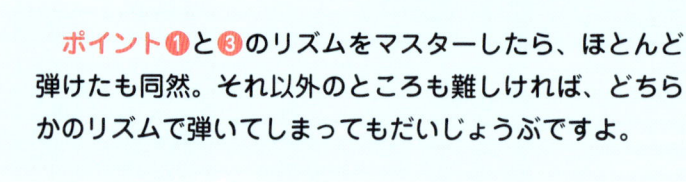

ポイント❶と❸のリズムをマスターしたら、ほとんど弾けたも同然。それ以外のところも難しければ、どちらかのリズムで弾いてしまってもだいじょうぶですよ。

ポイント❶ パラララパラララパラ のリズム
（イントロと後半）

イントロと曲の後半のリズムです。音符がいっぱいある分ゴージャスに聞こえますよ。右手は1小節に8回ずっと刻むだけなので簡単。ちょっと疲れますけど。（疲れるのは、肩に力が入っているということ。肩の力を抜いて、軽やかに鍵盤をたたくのがコツ！）

リズムは **パラララパラララパラ** です。口に出して、唱えてみて。左手は **パ** だけ弾いて、**ラ** のときはそのまま押さえているだけ（手を鍵盤から離しちゃってもいいですよ）。右手は全部弾きます。このパターンは習得しておくと、とっても便利！

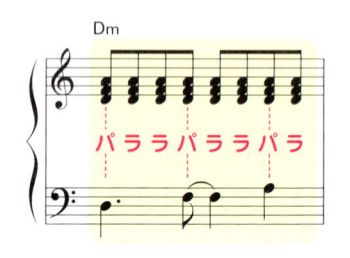

（楽譜：Dm　パラララパラララパラ）

ポイント❷ 始まりを感じさせる ジャッ ッ ッ ジャ

この曲の伴奏のほとんどが **ポイント❶** と **❸** のリズムですが、**ポイント❷** の3か所は変えています。フレーズの始まりを感じさせます。めんどうだったら、**ポイント❶ ❸** の2パターンのどちらかを弾いてもいいですよ。

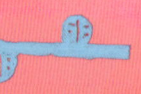

（楽譜：C　ジャッ ッ ッ ジャ）

ポイント ③ ドン チャ ド ドン チャ ド のリズム（前半）

前半のパターンは、**ドン チャ ド ドン チャ ド** です。おまじないのように口に出してみましょう。それから、おまじないに合わせて両手でリズムを取ってみます。**ドン** と **ド** は左手。**チャ** は右手。おまじないを唱えながら、ピアノを弾いてみると意外と簡単に弾けますよ。

> おまじないみたいに唱えながら弾くとカンタン！

ポイント ④ 「キメ」の部分を印象的に

ここは「キメ」というもので、印象的にするために、あえてリズムパターンを変える手法をとっています。でも音を **ジャーン ジャン** と伸ばすだけですから、簡単なので挑戦してみてくださいね。

新沢としひこのミラクルアドバイス ⑥

適当なおまじまいでリズムを取る

リズムの取り方がわからなくなったとき、適当なおまじないを使うのは、なかなか有効な方法です。「**ドン チャ ド ドン チャ ド**」は「**ズン タ ズ ズン タ**」でもいいし、「**パララ パララ パラ**」は「**アレレア レレア レ**」だっていいのです。やりやすい言葉で試してみて！おまじないを、まずは口に出して唱えながら、机やひざの上で両手でたたいてみます。それができたら、鍵盤の上でも同じようにやってみましょう！

> リズムに合わせたおもしろいおまじないを作っちゃおう！

ぼくたちのうた 卒園ソングとしても!

コードが4～5個でもっと楽しくなる!

作詞／新沢としひこ　作曲／中川ひろたか

卒園式にぴったりの、1年を振り返る歌です。伴奏のパターンはシンプルで、ポイントを押さえれば、ぜんぜん難しくありません。ゆっくりした歌ですし、落ち着いてていねいに弾いてみましょう。

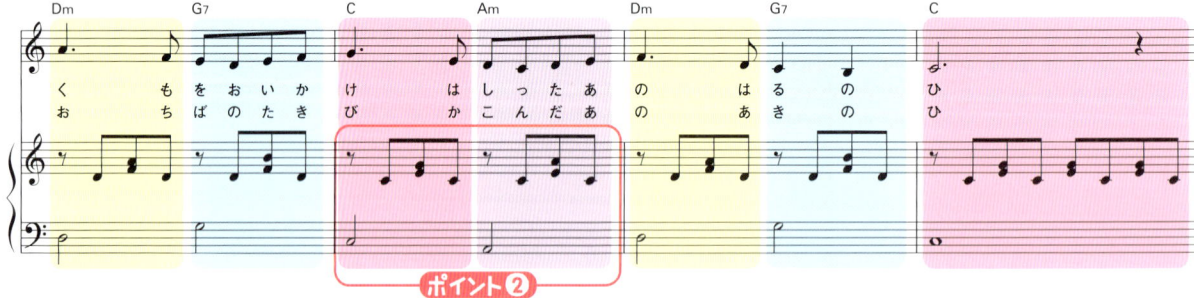

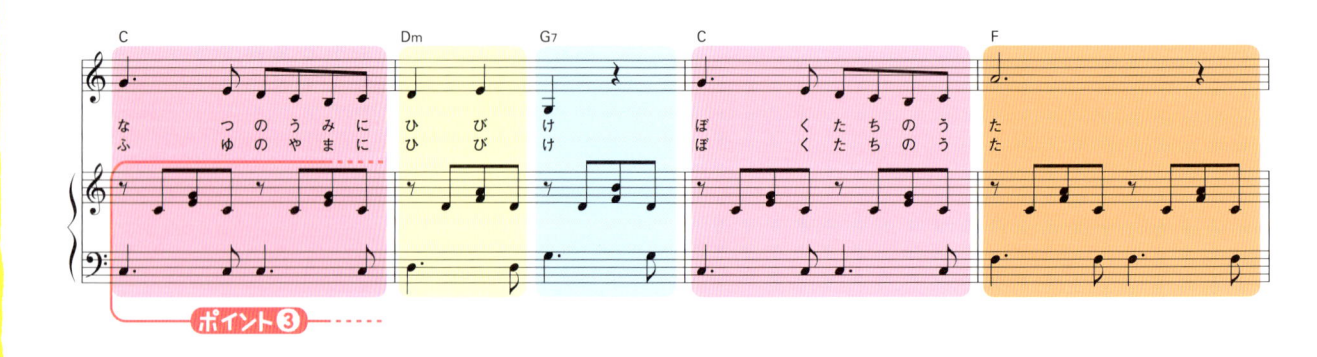

1. はるのそらに ひびけ ぼくたちのうた
2. あきのかぜに ひびけ ぼくたちのうた

くもをおいかけ はしったあのはるの ひ
おちばのたき ふみこんだあのあきの ひ

なつのうみに ひびけ ぼくたちのうた
ふゆのやまに ひびけ ぼくたちのうた

出てくるコード C・Dm・G7・F・Am

コードごとに色分けしているよ！ 楽譜の色と同じ色のコードを弾こう！ 押さえ方の例です

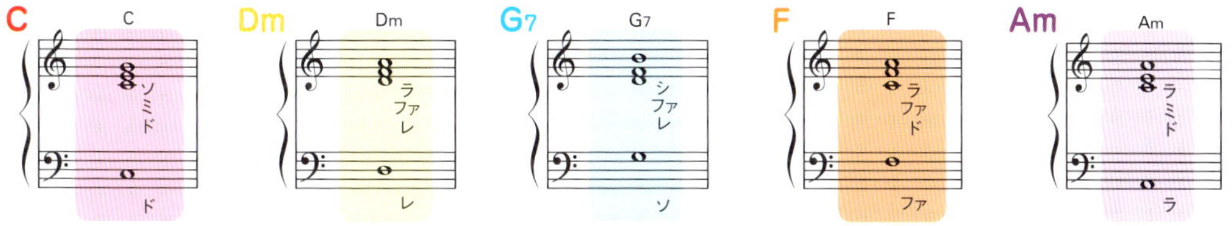

弾くときのポイントは次のページ

ぼくたちのうた

コードが4〜5個で **もっと楽しくなる！**

たのしーい

上達のポイント！

少しずつ伴奏のパターンは変えていますが、シンプルで簡単ですので、ピアニスト気分で豊かに弾きましょう。でも、主役はあくまでも歌っている子どもたち。肩の力を抜いてみましょう。

ポイント1 情景を思い浮かべながらしっとりと

左手は1小節に1音しかなく、右手も**ド**と**ミソ**の繰り返しです。少し慣れた人には、やさしすぎるかも。ところが、これが楽器の奥深いところで、やさしい淡々とした伴奏ほど難しいということもあります。

この歌は、情景を思い浮かべていく叙情的な歌なので、あまり一本調子だと伝わりません。「しっとり弾く」と言い聞かせながら弾いてみましょう。苦手と思いながら弾くと、音がピクピクして、ぎこちない演奏になってしまいますよ。

> 名ピアニストになりきって叙情的に弾いてみよう！

ポイント2 右手のコードの変化

前半の中で1小節にコードが2つ出てくるところが数回あります。慌てないで、滑らかに弾けるように練習しましょう。2小節目は右手は**レファラ**が**レファシ**に、**ラ**が**シ**になるだけ。

6小節目は右手は**ドミソ**が**ドミラ**に、**ソ**が**ラ**に変わっただけなんですね。ほんのちょっと変わるだけ、と自分に言い聞かせて、だからこの曲は簡単だ！と思うことが大切ですね。

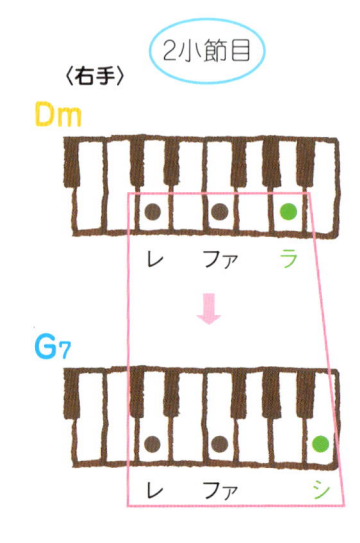

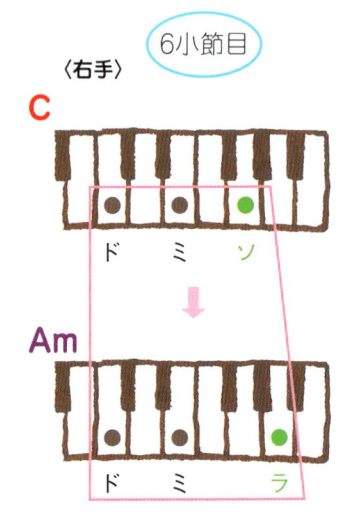

〈2小節目〉〈右手〉
Dm レ ファ ラ
↓
G7 レ ファ シ

〈6小節目〉〈右手〉
C ド ミ ソ
↓
Am ド ミ ラ

ポイント3 左手にビートを加えて華やかに

　最初の8小節と次の8小節は、メロディーもコードも同じなので、繰り返して同じ伴奏を弾いてもかまいません。けれど、ちょっとがんばってみたい人は、左手を変えてみましょう。華やかになる伴奏の変化をぜひ感じてもらいたいです。こういうのが伴奏のおもしろいところなんです。

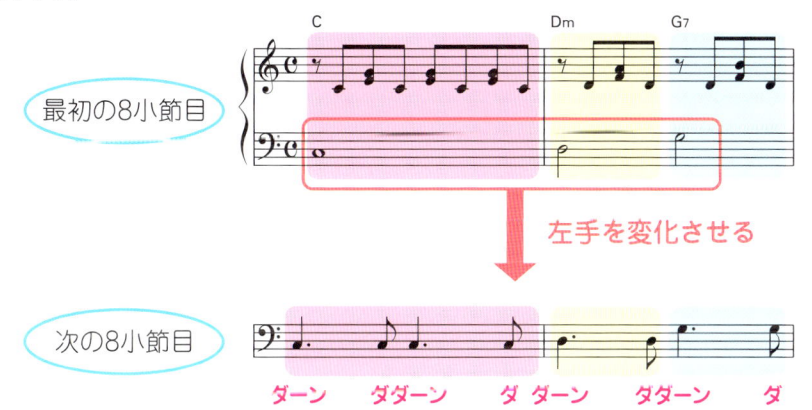

最初の8小節目

↓ 左手を変化させる

次の8小節目

ダーン　ダダーン　ダ　ダーン　ダダーン　ダ

　また、楽譜にある★のところは、左手がドからラに動くときに、間のシを入れました（経過音といいます）。ちょっとした味付けになります。うまくいくと、ささやかな達成感があるのでチャレンジしてみてください。

ポイント4 和音でボリューム感ある伴奏を

　ここからの右手は和音で **ダン ダン** と弾く、シンプルだけれどボリューム感のある伴奏パターンになります。リズムが走らないように。慌てないように弾くのが大切ですよ。

ポイント5 アルペジオに挑戦

　前の4小節とメロディーもコードもまったくいっしょですので、その繰り返しでもぜんぜん問題ありません。もうちょっとがんばってみたい人は、この和音を分散させてアルペジオという奏法に挑戦しましょう。滑らかに華やかに弾いてください。叙情的に盛り上がるクライマックスの最後の音は4分音符ですが、ぶっきらぼうに弾かず、ていねいに音を置くように、やや長めで弾くのがコツです。

新沢としひこの ミラクルアドバイス ❼

ピアノは人間が弾きやすいようにできている！

　この本の元となる連載をしていたときに、だんだん難しい曲を選んだほうがいいのかなあ…、と思っていたのですが、読者の人たちの反響によりますと、よりシンプルで簡単なほうがいいようでした。あらためて、ピアノ恐怖症・ピアノ拒否症候群の人が多いということを実感しました。ピアノって見た目からいっても大きいですし、黒いですし、アップライトピアノとか角張っていますし、何だか怖いんですよね。威圧感があるっていうか…。

　でもね、そんなことに負けてはいけません！　ピアノしかり、パソコンしかり、すべての道具は人間のために、人間が便利なように作られてきたのです。主導権はピアノにあるのではなくて、あくまでも人間のほうにあるんですよ。人間が弾きやすいように、低い音から順番に並べて、どれがどの音かわかりやすいように、白と黒の鍵盤に塗り分けて。何もピアノに支配されることはありません。そうか、便利な道具なんだ、という気持ちで、「ホホウ、鍵盤を押すとちゃんと音出るじゃん！」、みたいな感じで、強気でかかわりましょう。ピアノはたかが楽器です。音が出るようになると、楽しくなる、かわいい、すてきな楽器なのです。

コードが6個以上で 世界が広がる!

コードの数が増える分、音楽の世界がグッと広がります。
曲のレパートリーを増やしてくださいね。

〔掲載曲〕　　　　は、子どもたちと歌うだいたいの時期などの目安です。

曲名	時期	ページ
げんきげんきマーチ	いつでも・運動会の行進などにも	102
もうすぐりっぱな1年生	卒園の時期に	106
ともだちになりたいときは	いつでも	110
はじめの一歩	いつでも・卒園の時期にも	114
しずかなクリスマス	クリスマスに	118
一年生マーチ	卒園の時期に	122
にじ	梅雨の時期などに	126
パワフルパワー	いつでも	130
世界中のこどもたちが	いつでも	134

コードが6個以上で世界が広がる！

げんきげんきマーチ

作詞・作曲／新沢としひこ

元気いっぱいのマーチです。調子のよい歌なので、勢いで挑戦してみてください。楽譜がちょっとめんどうくさそうに感じるかもしれませんが、実際に弾いてみると意外と簡単、という曲です。

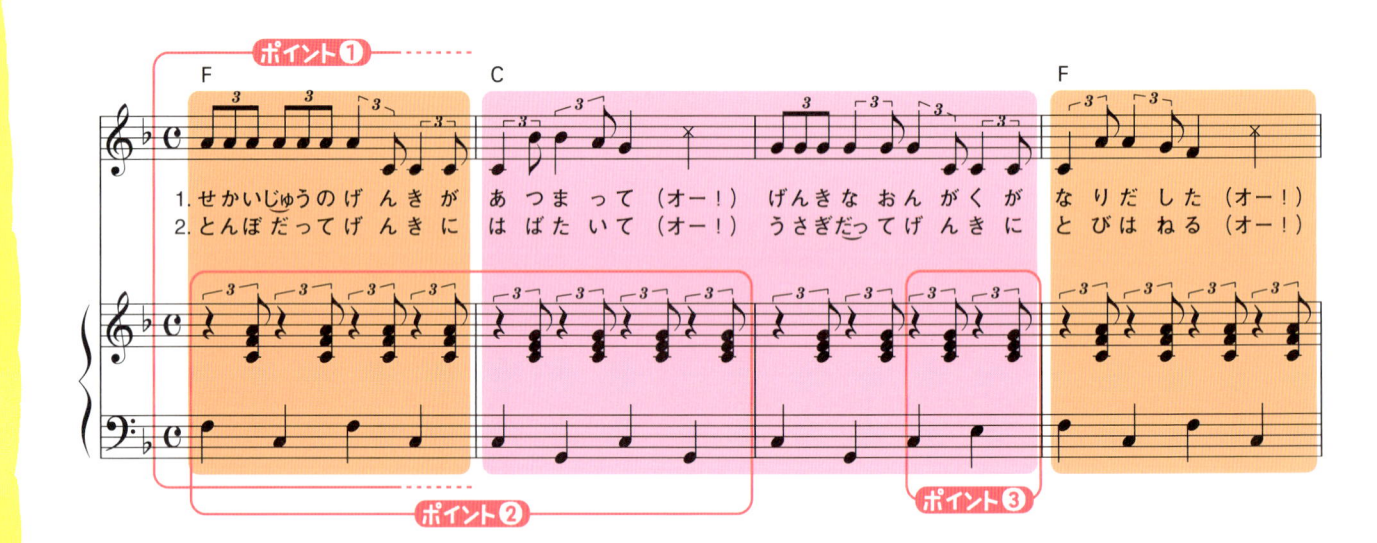

ポイント❶
ポイント❷
ポイント❸

1. せかいじゅうの げんきが あつまって（オー！） げんきな おんがくが なりだした（オー！）
2. とんぼだって げんきに はばたいて（オー！） うさぎだって げんきに とびはねる（オー！）

ことりだって げんきに はばたいて さかなだって げんきに とびはねる
ちょうちょだって げんきに はばたいて かえるだって げんきに とびはねる

出てくるコード **F・C・B♭・F7・D7・Gm**

F	C	B♭	F7	D7
ラ ファ ド / ファまたはド	ソ ミ ド / ドまたはソ	レ シ ファ / シまたはファ	ミ ド ラ / ファまたはド	ラ ファ♯ ド / レまたはラ

Gm — シ♭ ソ レ / ソ

コードごとに色分けしているよ！
楽譜の色と同じ色のコードを弾こう！
押さえ方の例です

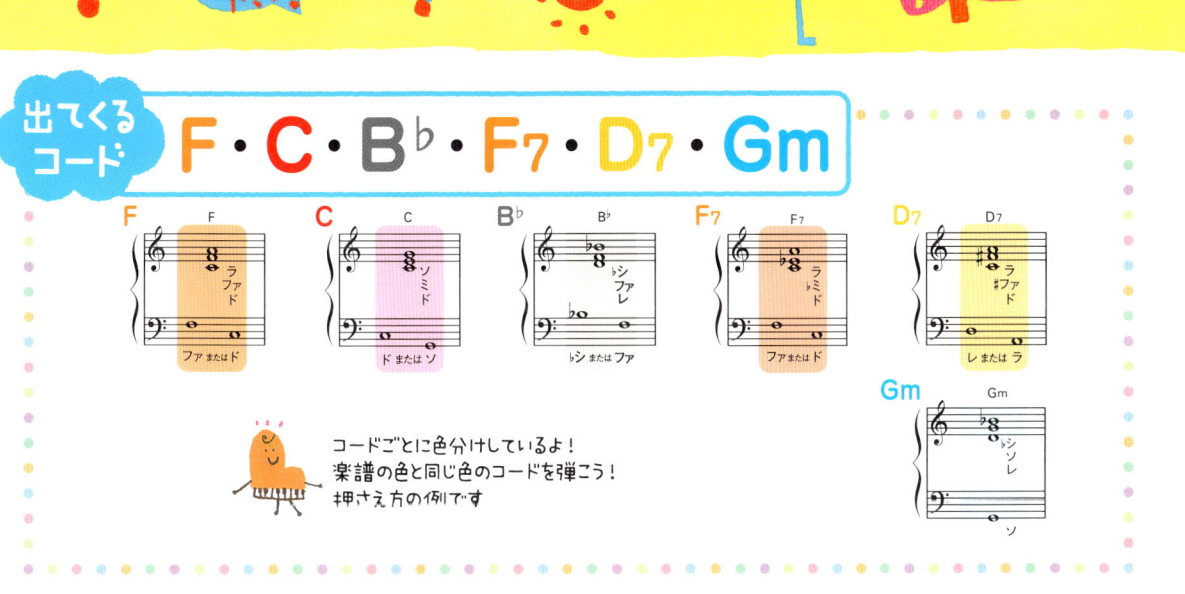

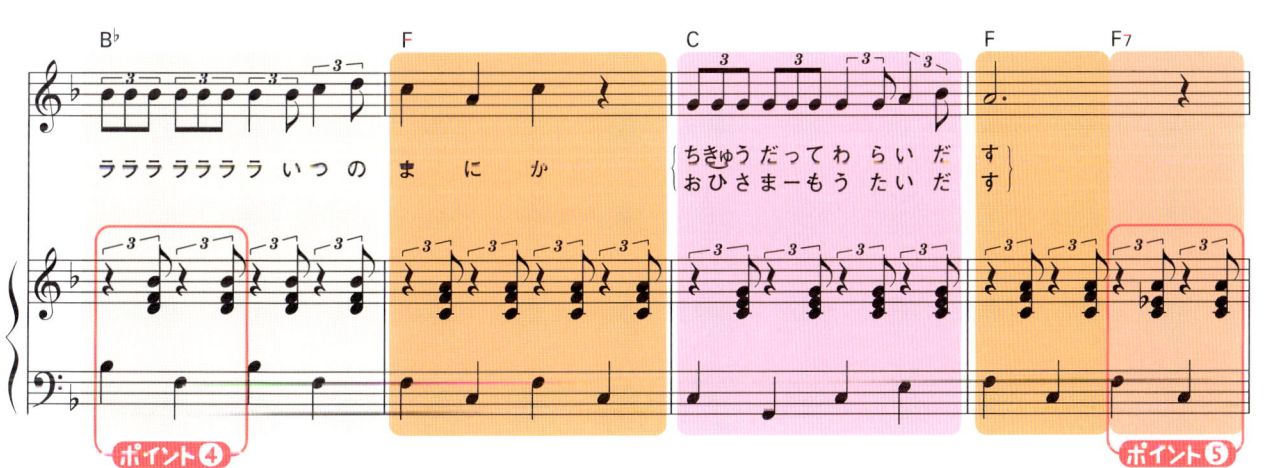

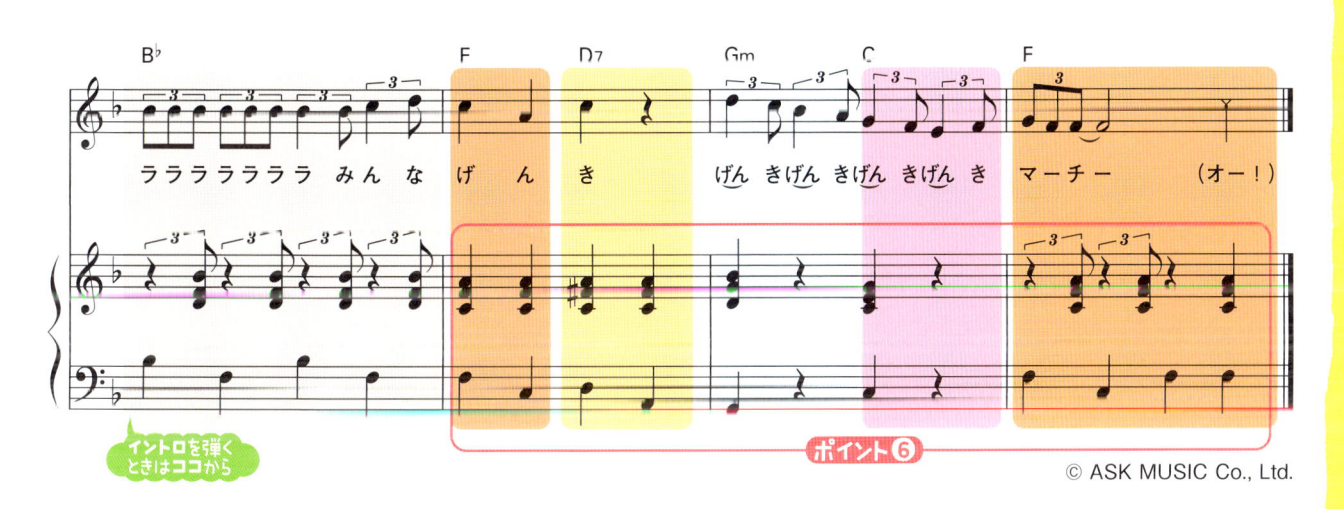

B♭ | F | C | F | F7
ララララララ　いつの　ま　に　か
｛ちきゅうだってわらいだ
　おひさまーもうたいだ｝す

ポイント❹　　　　　　　　　　ポイント❺

B♭ | F | D7 | Gm | C | F
ララララララ　みんな　げ　ん　き　げんきげんきげんき　マーチー　（オー！）

イントロを弾くときはココから　　ポイント❻

© ASK MUSIC Co., Ltd.

弾くときのポイントは次のページ →

コードが6個以上で **世界が広がる！**

げんきげんきマーチ

上達のポイント！

この曲は楽譜をよく見てみると、繰り返しも多く、実はそんなにいろいろなことはしていません。おおらかに歌全体をとらえて、**ブン チャ ブン チャ** のリズムで調子よく、明るく楽しく弾くことが大切です。

ポイント1 伴奏はブン チャ ブン チャ の繰り返し

この歌、何が難しそうに見えるかって、それはメロディーの3連符がずっと続くところ。でも伴奏は、実は **ブン チャ ブン チャ…** の繰り返しです。**ブン** が左手、**チャ** が右手です。音符の表記が難しいだけで、実際はメロディーに合わせて弾けば、難しくないのでだいじょうぶ。

> ブン チャ ブン チャ…と おまじないのようにつぶやき ながら弾いてみよう

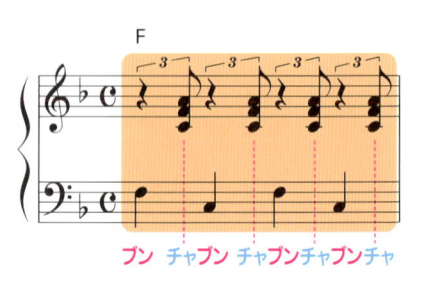

ポイント2 FとCをマスターしよう！

この歌は特に前半が簡単で、コードもFとCしか出てきません。まずは最初の2小節をマスターしましょう。FとCが出てきたら、とにかくこれを弾きます。ここができたら、この歌の半分以上をマスターしたも同然。鬼に金棒です。どんなにピアノが嫌いな人も、とにかくここまではがんばって！

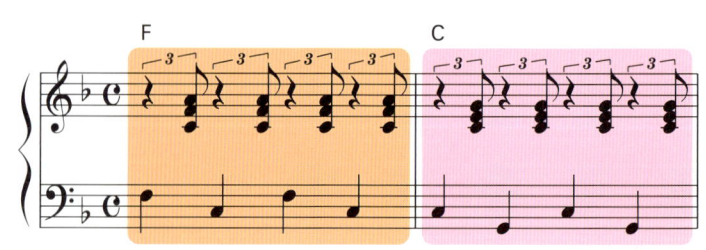

ポイント3 ドソドソか、ドソドミ

　ここは、左手の最後の2音が前の小節と違っています。これは同じままだと下の**ソ**から次の高い**ファ**まで音が飛ぶので、指の移動が楽になるよう、ちょっと変化をつけました。かえって難しい人は、前の小節のままで弾いてもけっこうです。苦手な部分がいつまでもあって、弾くたびにそこでつかえてしまうなら、弾けるように変えたほうがよい、という考え方もあるのです。

ド ソ ド ソ　ド ソ ド ミ

難しいときはこの弾き方で

ド ソ ド ソ　ド ソ ド ソ

ポイント4 後半最初は強めに弾く

後半は盛り上がっていこう！

　ここからが後半。後半は曲も盛り上がって、世界が広がっていくことを表しているんです。そのために、後半最初の**B♭**のコードはとても大事です。少し強めに弾くといいかもしれませんね。

ポイント5 F7でちょっとした変化に挑戦

　Fのコードに**7（セブンス）**を入れてみました。ちょっとした変化を耳で感じ取ってみてください。ああ、こんなややこしい装飾はいりません、そんな余裕はありません、という人は、そのまま**ドファラ**と弾いてもよいですよ。

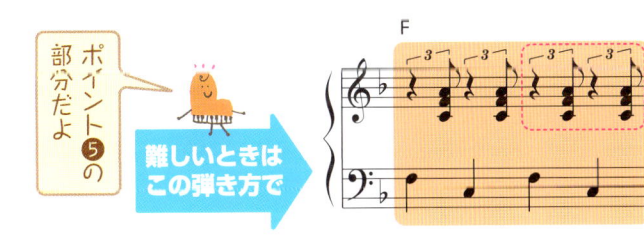

ポイント5の部分だよ

難しいときはこの弾き方で

ポイント6 エンディングに向けて

　エンディングに向けて、全体で一度しか出てこない**D7**や**Gm**の登場です。リズムは4分音符でゆっくりです。安心して弾いてみてください。最後は、「オー！」の掛け声に合わせて、ジャーンと**F**を弾いていれば、なんとなく収まりますので、気楽に弾きやすいように弾いてみてください。

コードが6個以上で世界が広がる!

もうすぐりっぱな1年生 卒園ソングとしても!

作詞・作曲／新沢としひこ

卒園式向けの歌の中でも、アップテンポで明るい元気な歌です。ワンパクな感じを出すのが大事ですから、ミスを恐れずに、勢いを無くさないように、ピアノも元気に弾きましょう。

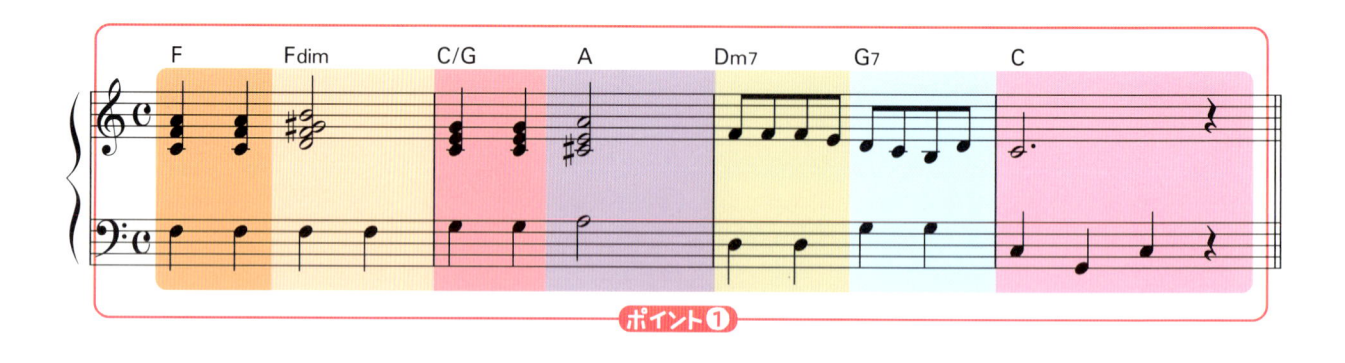

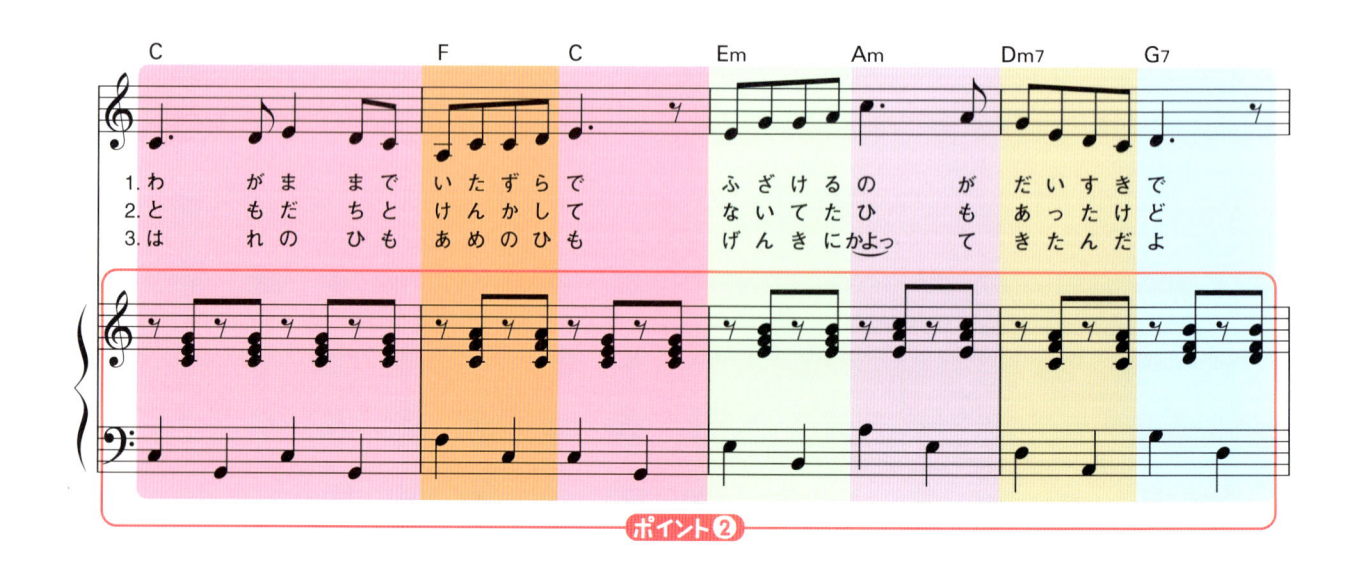

ポイント❶

ポイント❷

1. わがままでいたずらでてふざけるのがだいすきで
2. とれたひともあめのひもないてたひもあったけど
3. はれのひもあめのひもげんきにかよったきたんだよ

出てくるコード F・Fdim・C/G・A・Dm7・G7・C・Em・Am

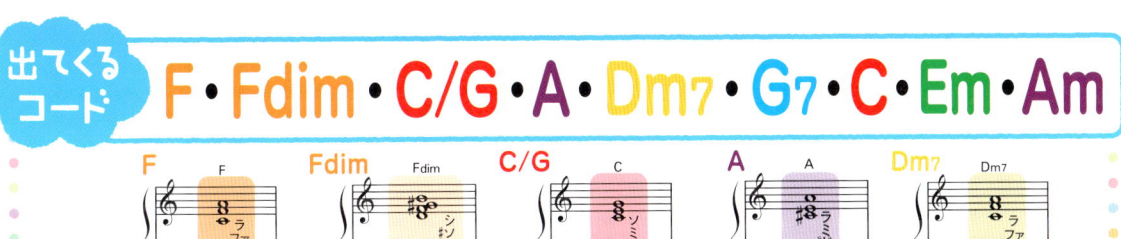

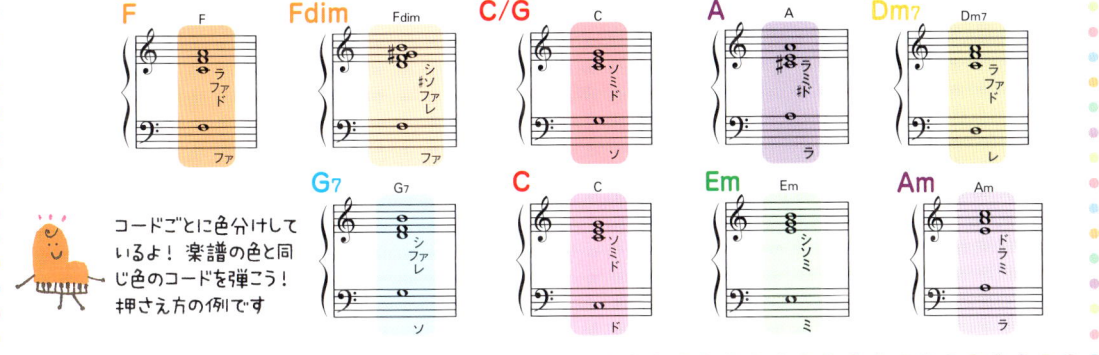

コードごとに色分けしているよ！楽譜の色と同じ色のコードを弾こう！押さえ方の例です

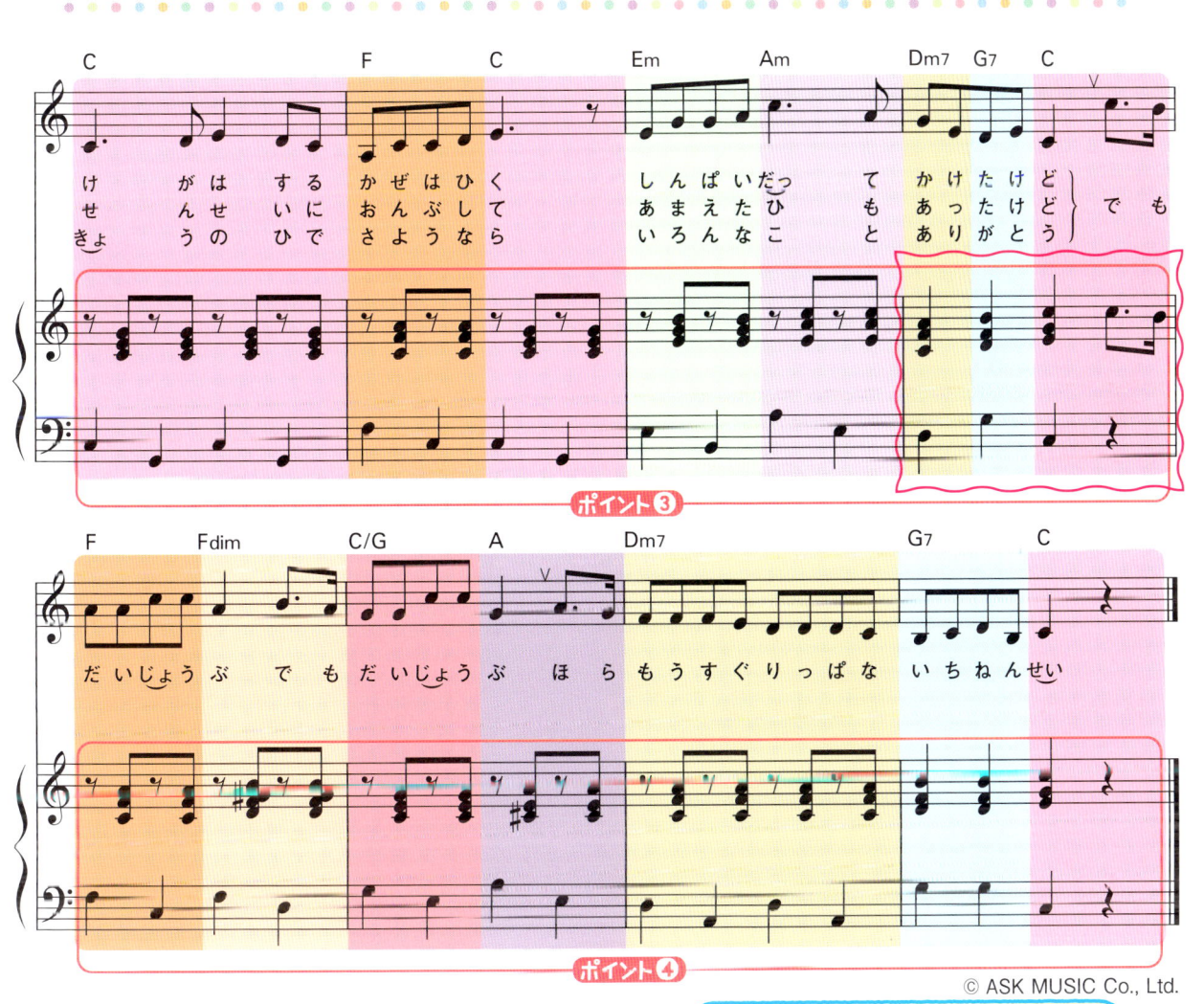

コードが6個以上で
世界が広がる！

もうすぐりっぱな1年生

上達のポイント！

コードの多さにビックリした人も多いかもしれないですが、実はこの曲は**ポイント❶❷**のほぼ2つのコード進行だけで構成されているので、けっこう簡単。短いですし、ラクラク弾けるようにがんばってください。

ポイント❶ イントロはていねいに

イントロが弾けたら、もうこの歌は8割弾けたも同然です。コードネームは複雑そうですが、音はそんなに難しくないですから、楽譜をゆっくり拾って最初はていねいに弾いてみてください。次の、歌が始まるところからは **ブン チャ ブン チャ** という軽快な感じなので、イントロと歌のテンポが違いすぎないように、気をつけてくださいね。このコード進行は、歌の最後にも出てきますので、感じをつかんでおきましょう。

ポイント❷ 慌てず繰り返し練習を

この曲の伴奏は、**ポイント❶**でのイントロのコード進行と、ここでのコード進行の2つを覚えてしまえば、ほぼおしまいです。そう思うとちょっと気が楽でしょ。音楽って繰り返しが多いものなんです。パターンさえつかんでしまえば、楽勝ですよ。

1小節の中で、コードが2つ出てくるので、ちょっと慌ただしい感じがすると思います。慌てないで、でもモタモタしないように、繰り返し練習してください。

どうしても難しい場合は…

左手が動き続けているのがどうしても難しい場合、ド**ソ**ド**ソ**ファ**ド**ド**ソ**〜 の青字の音を、移動せずに前の音と同じに弾いてしまいましょう。つまりド**ド**ド**ド**ファ**ファ**ド**ド**〜と弾いてしまうわけです。これでも伴奏は成立します。ただちょっと平坦な感じになってしまいますので、これはあくまでも奥の手ということで、できれば左手の動きもがんばって挑戦してみてくださいね。

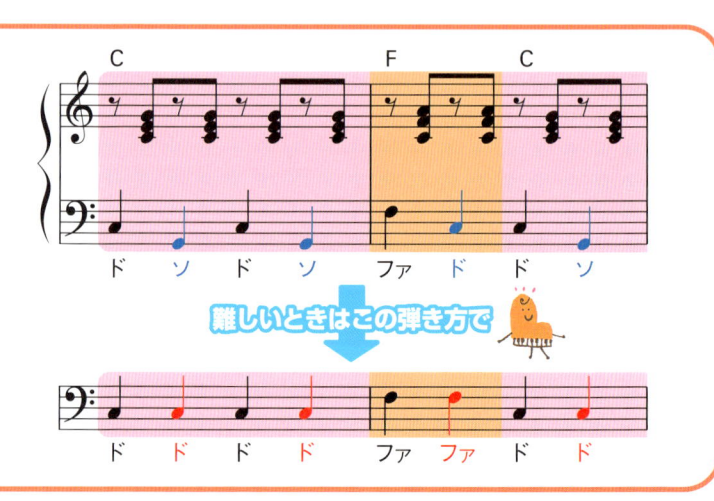

難しいときはこの弾き方で

ポイント3 滑らかにつなぐ　Dm7→G7→C

ここは、**ポイント2**と同じコード進行ですが、最後の小節のコードの部分が変わります。指の動きに慣れるように、繰り返し部分練習してみてください。失速しないで、滑らかにこの部分をクリアできるようにしましょう。

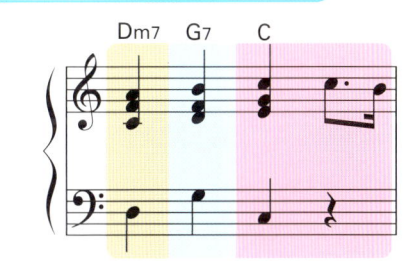

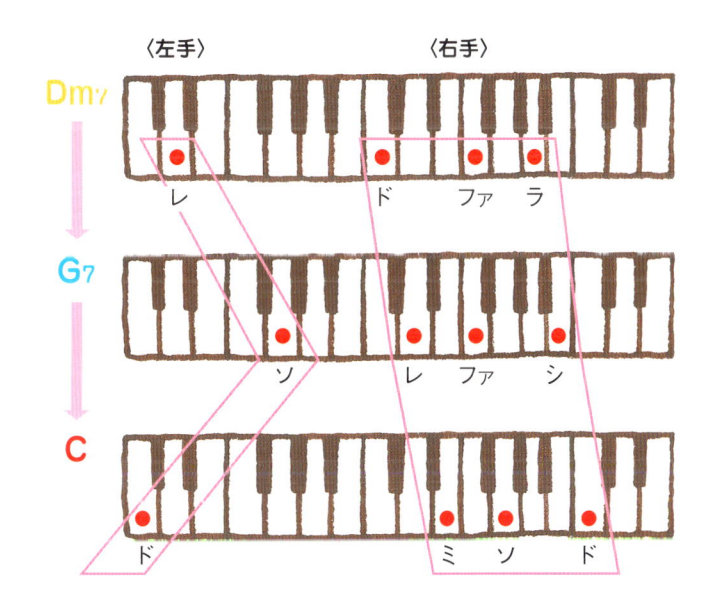

〈左手〉　〈右手〉

Dm7　レ　／　ド　ファ　ラ

G7　ソ　／　レ　ファ　シ

C　ド　／　ミ　ソ　ド

ポイント4 コードの響きを楽しむ（簡単にしてOK）

最後の4小節は**ポイント1**でのイントロと同じコード進行です。コードの響きが特徴的でおもしろいですから、楽しんで弾いてみてください。ここでも左手の動きが難しければ、簡単にしてもいいですよ。苦手なところだけ、部分的にごまかして簡単にしてしまっても、全体的には何の問題もありません（実はぼくもステージではよく簡単にしています）。

> 問奏・エンディングも、イントロをそのまま使ってね

ともだちになりたいときは

コードが6個以上で世界が広がる！

作詞・作曲／新沢としひこ

コードが7個も出てきますが、主に使うのは **C F G₇** の3つです。コードごとに色分けすると、実は同じものが何回も出てくるだけですので、怖がらずに弾いてみてください。

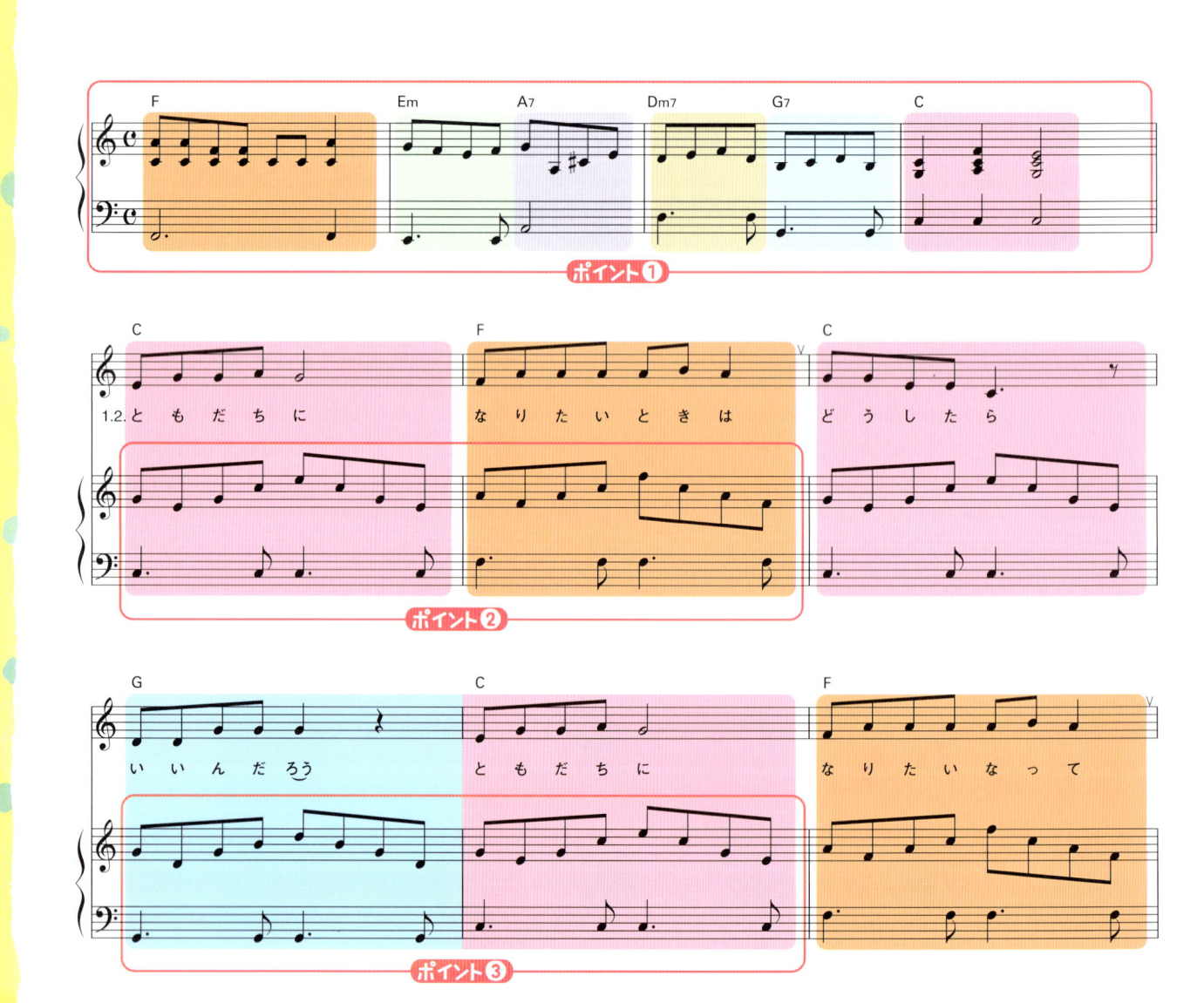

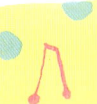

ポイント❶

1.2. と も だ ち に　な り た い と き は　どうしたら

ポイント❷

い い ん だ ろ う　と も だ ち に　な り た い な っ て

ポイント❸

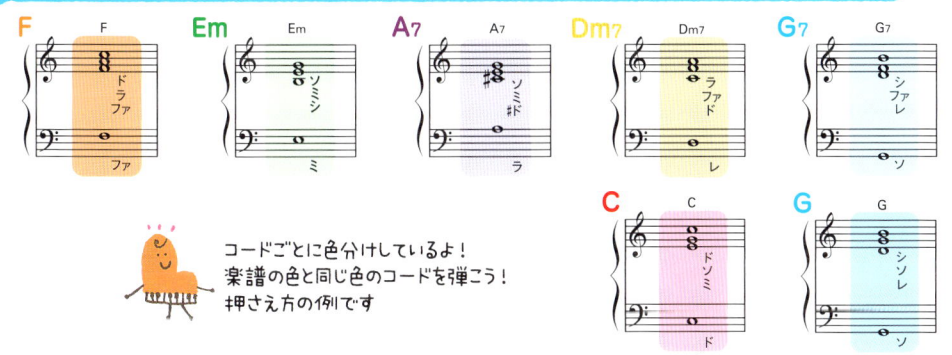

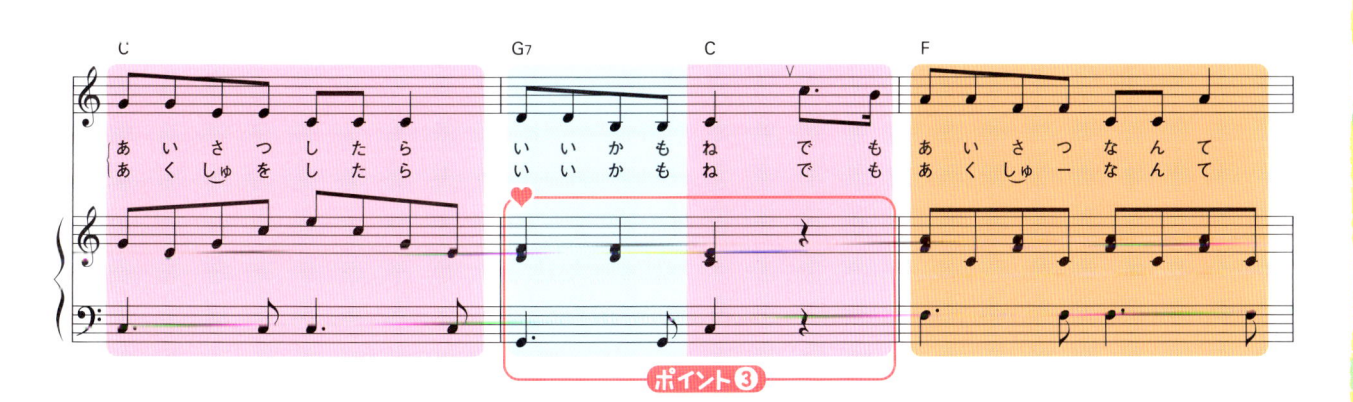

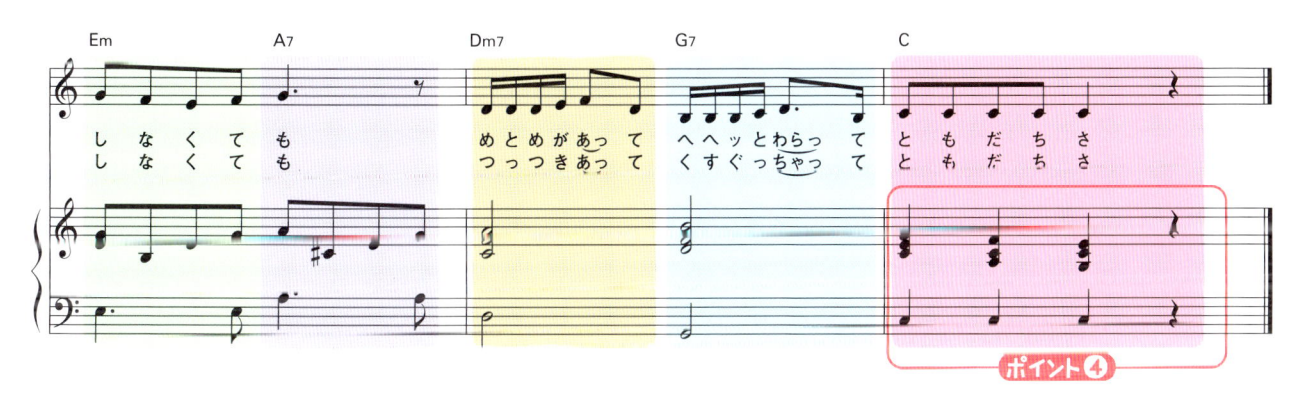

出てくるコード **F・Em・A7・Dm7・G7・C・G**

コードごとに色分けしているよ！
楽譜の色と同じ色のコードを弾こう！
押さえ方の例です

あいさつしたら
あくしゅをしたら
いいかもね でも
あいさつなんて
あくしゅーなんて

ポイント❸

しなくても
しなくても
めとめがあって
つっつきあって
へヘッとわらって
くすぐっちゃって
ともだちさ
ともだちさ

ポイント❹

© ASK MUSIC Co., Ltd.

弾くときのポイントは次のページ

> コードが6個以上で
> **世界が広がる！**

ともだちになりたいときは

上達のポイント！

　この曲は、右手も左手も、よく動く難しいパターンなので、もっと簡単な伴奏を**ポイント❷と❸**で記しておきます。全編この簡単なパターンで弾けますよ。練習する時間がない人は、こっちから練習するとよいかもしれません。でも慣れたら、本来の難しいパターンにも挑戦してね。

ポイント❶　イントロ（苦手な人は後回し）

　このイントロは間奏にもエンディングにも使います。ここだけは、ただ楽譜どおりに練習してみてください。苦手な人は、後回しにしちゃいましょう。
　でも、このイントロ、そんなに難しくはありません。歌の最後の4小節を弾いているだけですから。イントロを練習しておくと、歌の部分が楽になりますよ。

ポイント❷　CとFをマスターしよう

　Cはこの歌の基本となるコードで、**F**は2番手のコードです。どちらも左手のリズムは **タータ タータ** ですから簡単！リズムだけ注意して。右手はかなり動くので、少し難しそうに見えますが、実は**C**なら**ドミソ**、**F**なら**ファラド**しか使っていません。楽譜どおりに弾けなくても、何となくその3音を弾いていれば、ごまかせます。適当に弾く感覚が身につくと、伴奏がとっても楽になります。**ポイント❷**は、何度も出てきますので、慣れておきましょう。

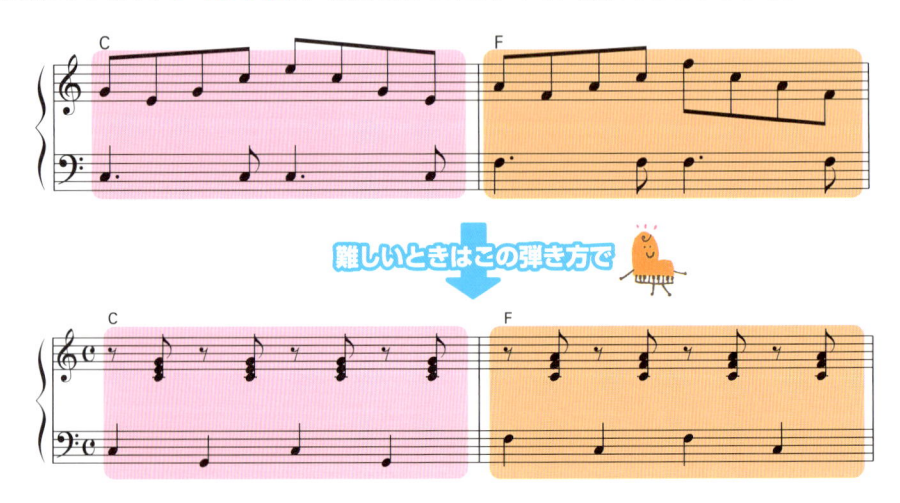

難しいときはこの弾き方で

112

ポイント③ G→C、G₇→C

この歌の3番手のコード、G。♥では、双子の兄弟のG₇も出てきます。この違いはGは**ソシレ**、G₇が**ソシレ＋ファ**ということです。

GとG₇の次のコードをよく見て！ 今回の歌ではすべてCになっています。GはCを導きやすい和音なんですね。そういう傾向を把握していくことが、伴奏がより楽になるコツです。手で覚えてしぜんに弾けるようになるとよいですね。

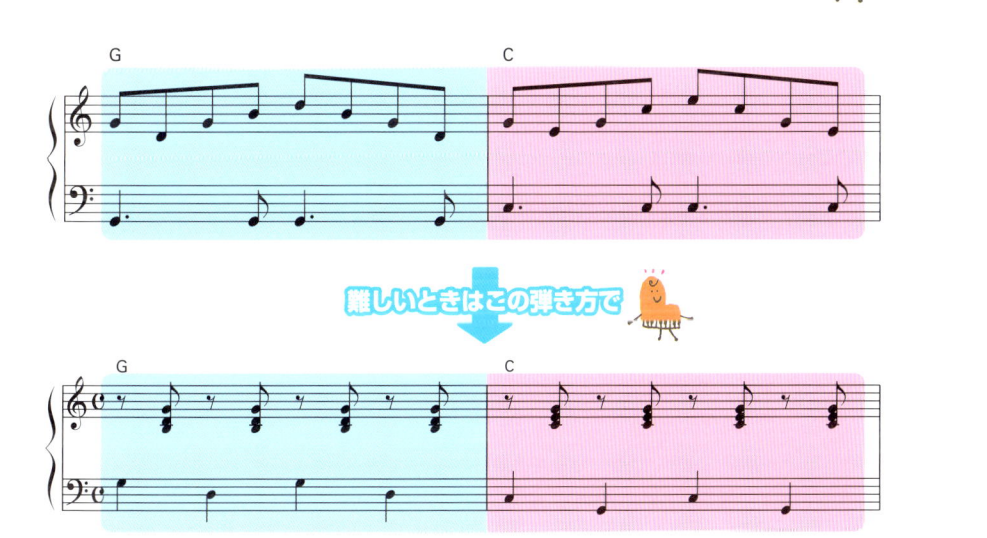

> GやG₇の次のコードは
> **C**になりやすいんだよ

難しいときはこの弾き方で

ポイント④ Cのアレンジ

Cのコードの中なのに**ドミソ**ではない音を入れました。**ラドファ**です。このくらい複雑にしたほうが、音楽的に変化が出てよいと思ったのでそうアレンジしたのですが、「ええ、それはつらいよ‥」という人は、ずっと**ドミソ**のままでもいいですよ。

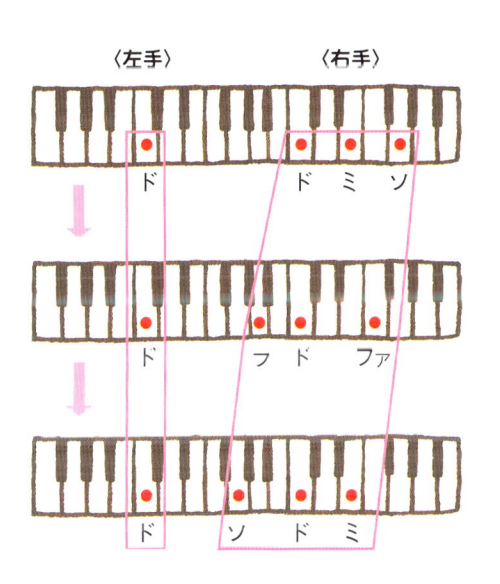

〈左手〉　〈右手〉
ド　　　ド ミ ソ
ド　　　ラ ド ファ
ド　　　ソ ド ミ

コードが6個以上で **世界が広がる！**

はじめの一歩 卒園ソングとしても！

作詞／新沢としひこ　作曲／中川ひろたか

楽譜全体を見ると、長いし難しそう！ と思ってしまうかもしれませんが、だいじょうぶ。簡単に弾けるようにアレンジしたので、ピアノが不得意な人にもたくさん弾いてもらいたいです。

出てくるコード C・G/B・Am・F・G7・D

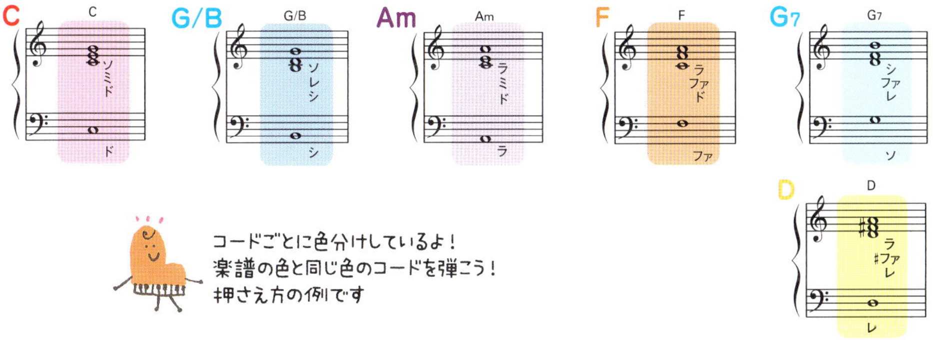

コードごとに色分けしているよ！
楽譜の色と同じ色のコードを弾こう！
押さえ方の例です

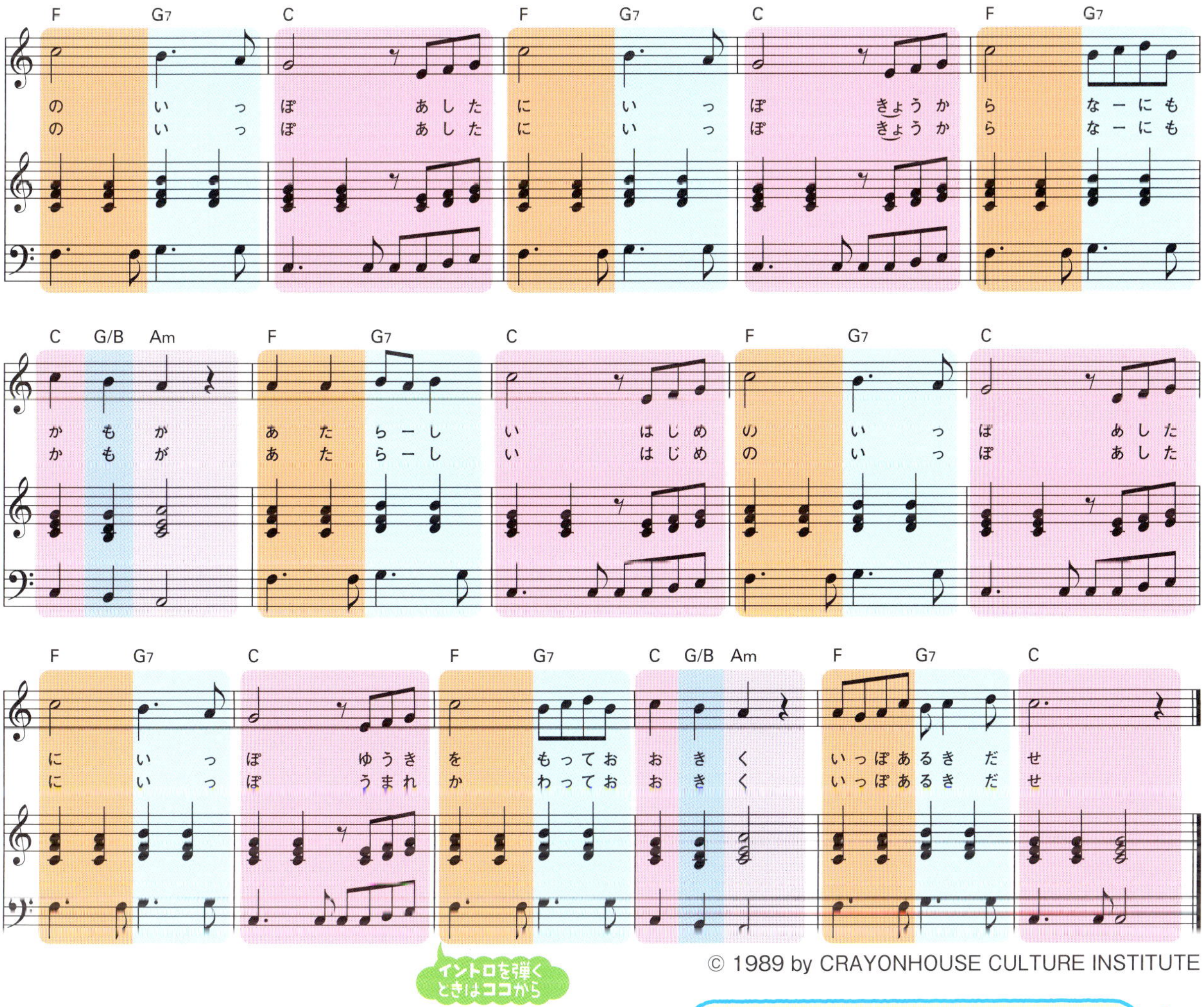

弾くときのポイントは次のページ

はじめの一歩

コードが6個以上で **世界が広がる！**

上達のポイント！

この歌をよく見ると、ポイント❶❷❸のコード進行の繰り返しと、たった一度のポイント❹と、あとは**C**だけでできているのです。覚えることがすごく少ないでしょ！ パターンを覚えてしまえばけっこう簡単に弾けてしまいますよ。

ポイント❶ C→G/B→Am のコードの流れ

ここでは**G/B**というコードが出てきて複雑そうに見えますが、つまりは左手はド→シ→ラと進行し、右手は**C**（ドミソ）→**G**（シレソ）→**Am**（ドミラ）と和音を弾きます。出だしの進行なので、とにかくここだけは、がんばって弾いてみてください。

Ⓐと**Ⓑ**の2種類ありますが、**Ⓑ**は**Ⓐ**の短縮形です。**Ⓐ**で2小節かけていたことを、1小節で弾きます。難しい感じがするかもしれませんが、がんばって！ だって、このコード進行のパターンは、**Ⓐ**と**Ⓑ**を合わせると、ワンコーラスで6回も出てくるんですよ！ そう、この歌の伴奏は繰り返しばっかりなのです。

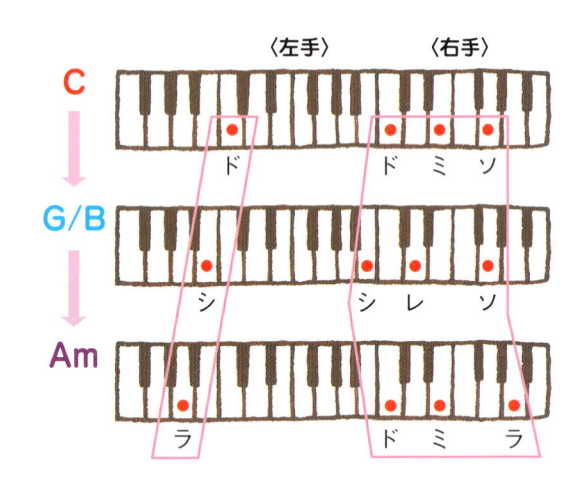

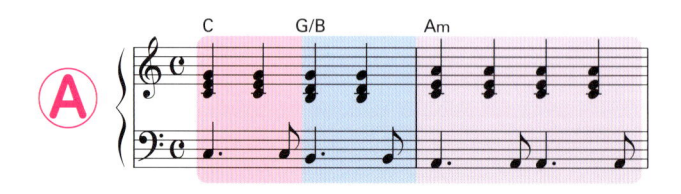

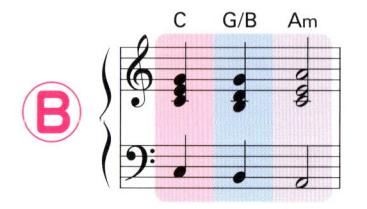

〈左手〉　〈右手〉
C → ド　ドミソ
G/B → シ　シレソ
Am → ラ　ドミラ

Ⓐ （C　G/B　Am の楽譜）

Ⓑ （C　G/B　Am の楽譜）

G/Bというコードはオンコードや分数コードといって、**GonB**（ジーオンビー）と読むよ。右手で弾く和音は**G**で、左手は**B**の音を弾く、という意味です。オンコードでよく出るのは限られていますから、徐々に覚えていけばだいじょうぶだよ

116

ポイント2 F→G7 のコードの流れ

この曲でいちばん大切なのが、ここです。FとG7の組み合わせ。なんとこの歌には、ワンコーラスで13回も出てきます。そして、この歌に限ってですが、Fを弾いたら必ず次のコードはG7なのです。だからFとG7をセットで覚えてしまいましょう。それだけで、この歌の半分くらいは弾けたも同然です。

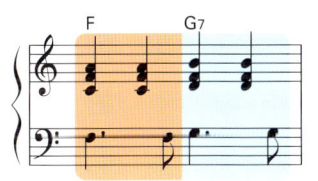

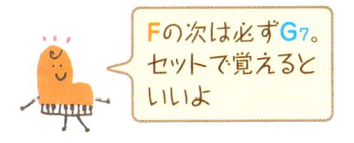

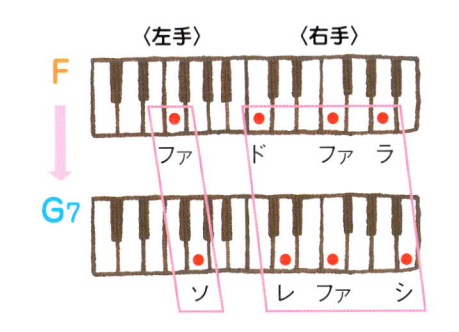

Fの次は必ずG7。セットで覚えるといいよ

ポイント3 C（ノーマルバージョン・スペシャルバージョン）

ポイント❶～❹に当てはまらない小節は、全部Cです。この本の中でもいちばんたくさん弾いてきた、ドミソのCです。あまりに簡単なので、スペシャルバージョンも作っちゃいました。メロディーに合わせて、あおって盛り上げるように ジャジャジャン と両手いっしょに弾きます。もし難しかったら、ノーマルバージョンで弾いてもぜんぜん差し支えないので、まあ、もしできたら弾いてみてください。

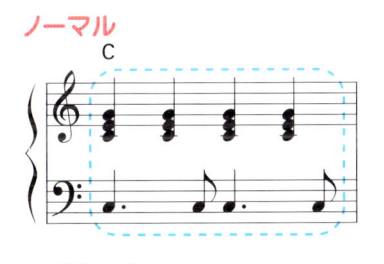

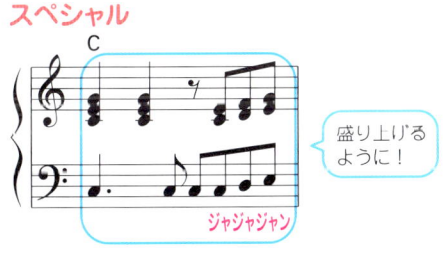

盛り上げるように！

ポイント4 D→G7 のコードの流れ

このコード進行はワンコーラスにたった1回しか出てきません。それだけ印象的な部分です。この歌の中盤の肝になっているところですから、ここはぜひ、がんばってみてください。

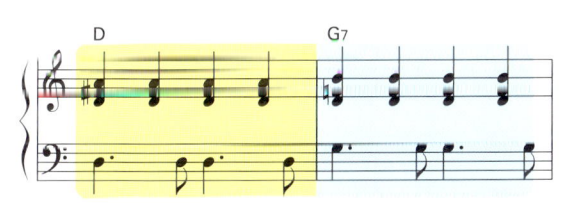

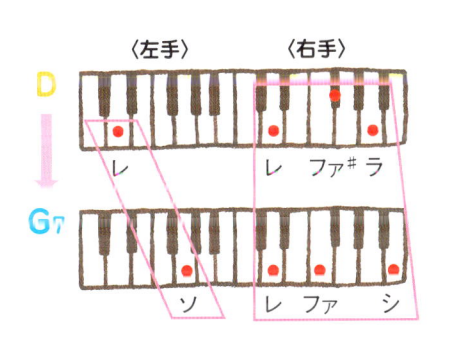

117

しずかなクリスマス

作詞／新沢としひこ　作曲／中川ひろたか

しっとりとしたクリスマスバラードです。賛美歌を弾くように、ゆっくりとていねいに弾いてみましょう。この曲はコードの繰り返しが多いので、ゆっくり弾けばだいじょうぶですよ。

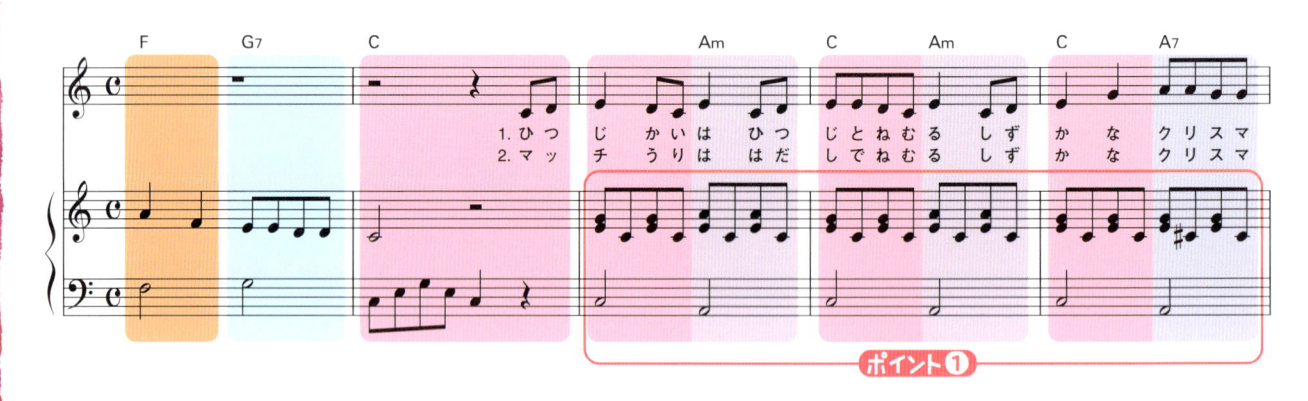

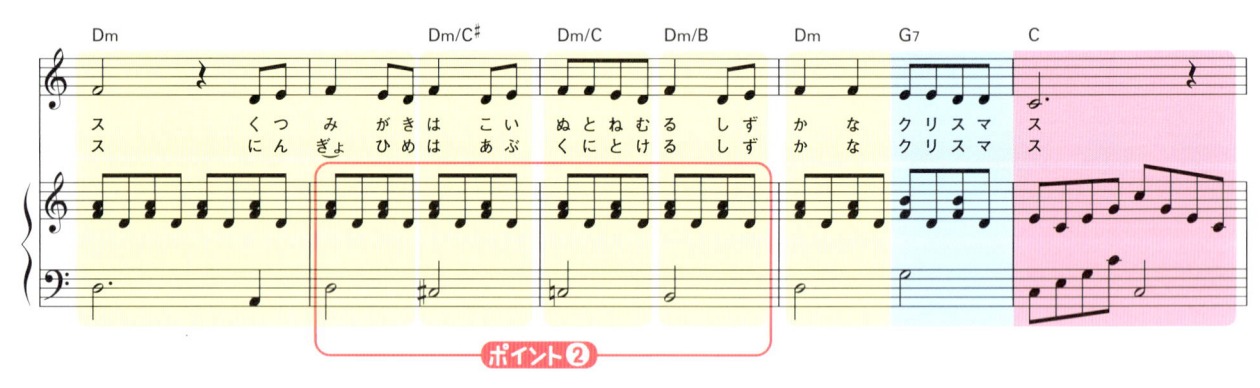

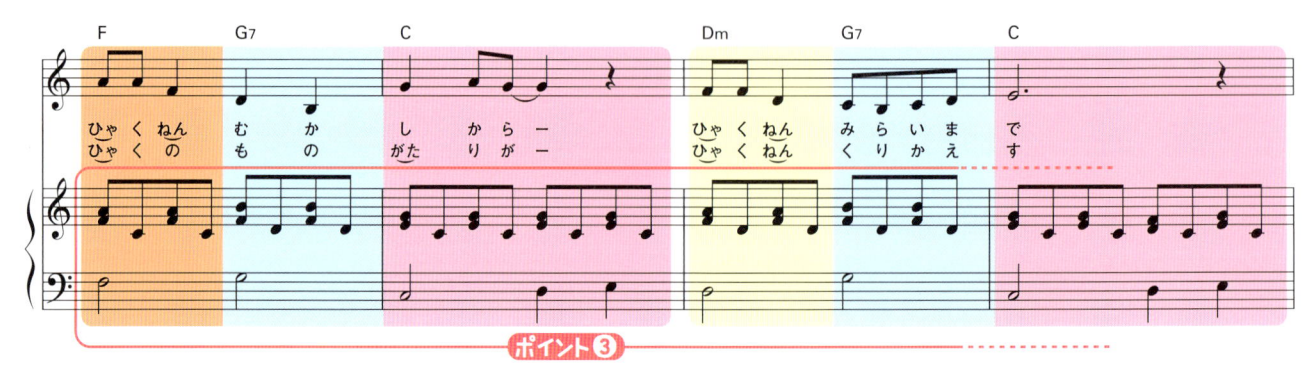

コードが6個以上で世界が広がる！

1. ひつじかいはひつじとねむるしずかなクリスマス
2. マッチうりはだしでねむるしずかなクリスマス

ススくつみがきはこいぬとねむるしずかなクリスマスス
ススにんぎょひめはあぶくにとけるしずかなクリスマス

ひゃくねんむかししからーがたりがー　ひゃくねんみらいまです
ひゃくのものも　　　　　　　　　　　ひゃくねんくりかえ

ポイント❶　ポイント❷　ポイント❸

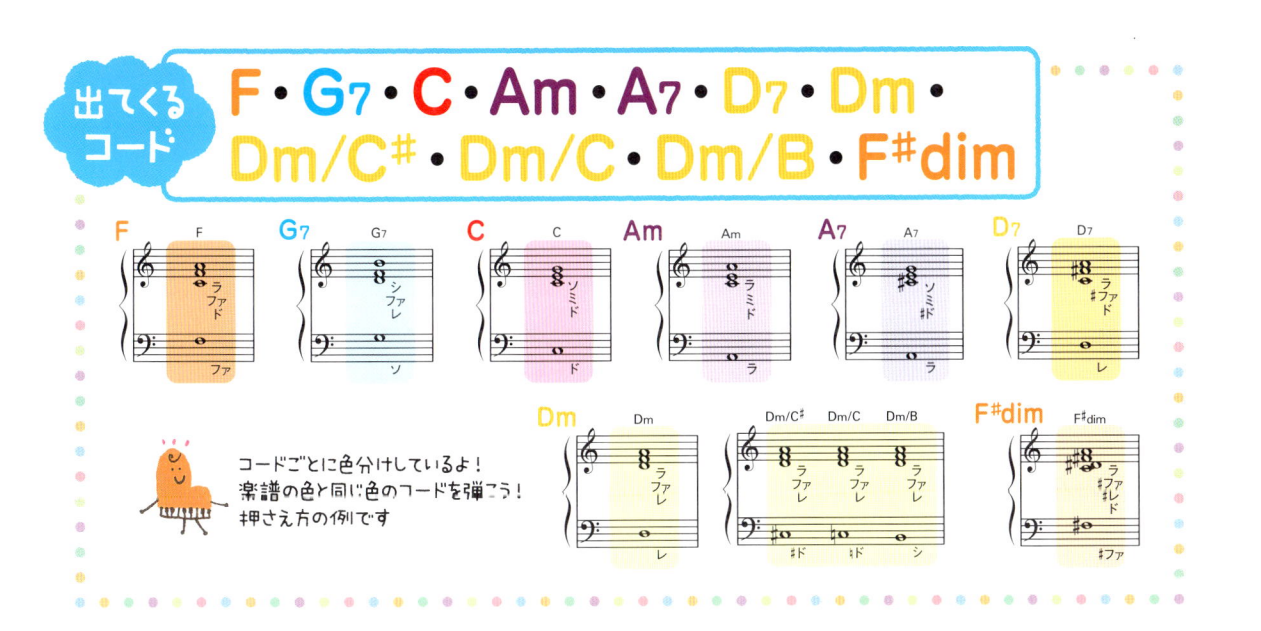

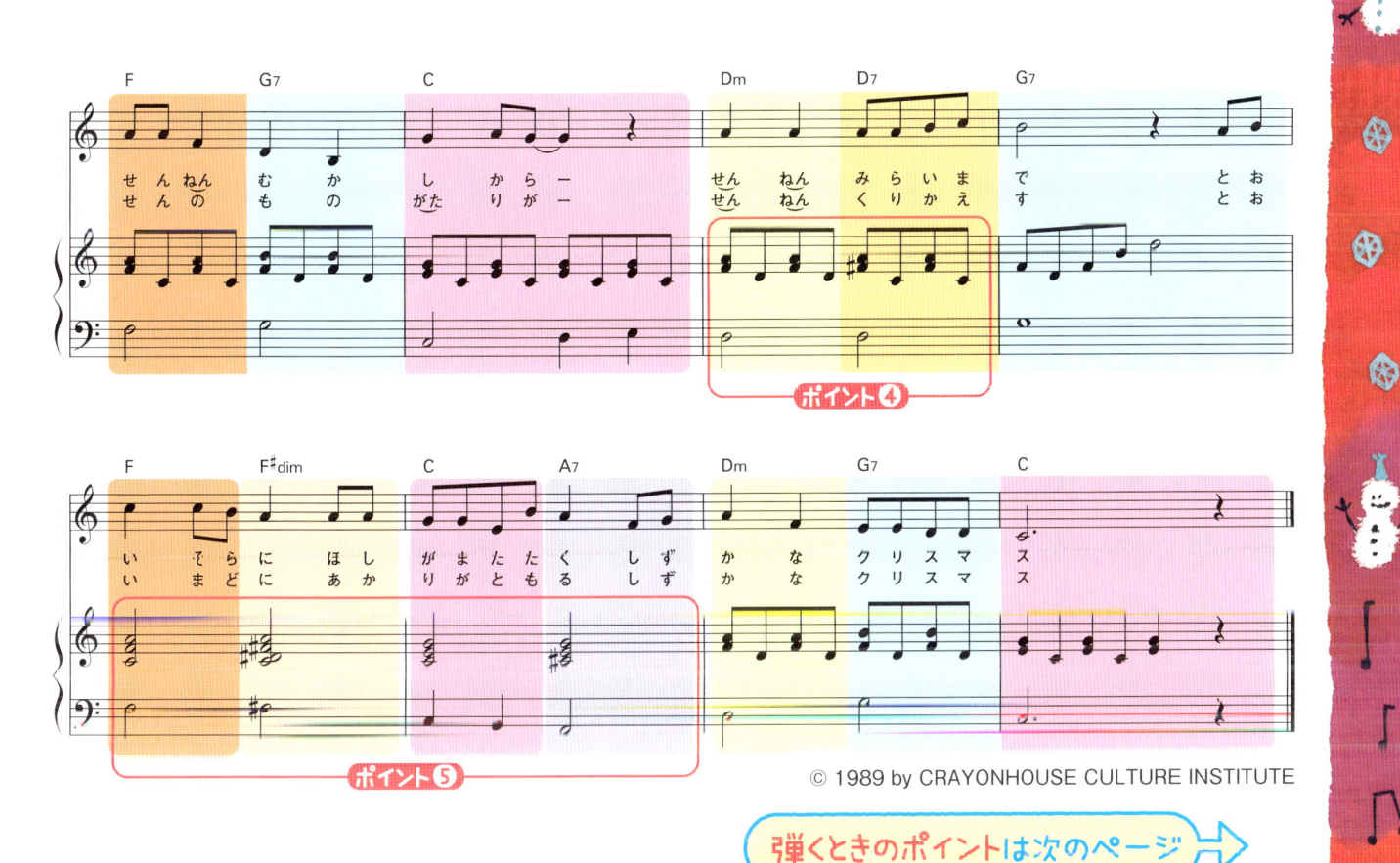

© 1989 by CRAYONHOUSE CULTURE INSTITUTE

コードが6個以上で
世界が広がる！

しずかなクリスマス

上達のポイント！

F、G7、Cなどのレギュラーのコード進行の繰り返しの中に、下の**ポイント**であげているような特別な進行が時々出てきます。まずレギュラーを身につけましょう。すると、ああ、ここだけがスペシャルなのね、ということがわかってきますよ！

ポイント① AmとA7の響きの違いを感じよう

歌の出だしは C→Am C→Am C→A7 と3回目だけAmがA7に変わります。AmとA7は兄弟みたいな関係ですから、セットで覚えてしまうといいです。AmがA7になるだけで、こんなに音の響きが変わってしまうんだ、ということをぜひ感じてほしいです。世界が広がって次につながっていく感じがするでしょ!!

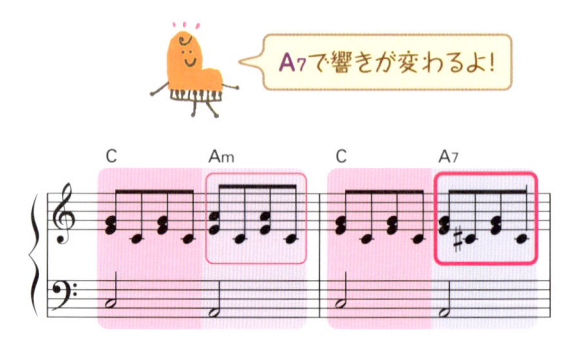

A7で響きが変わるよ！

ポイント② 左手の変化にチャレンジ

Dm/C♯などのオンコードがありますが、気にしないで。左手の音の変化をよく見てください。半音ずつ下に移動するだけです。ちょっとおしゃれで独特の世界を醸し出しますよ。

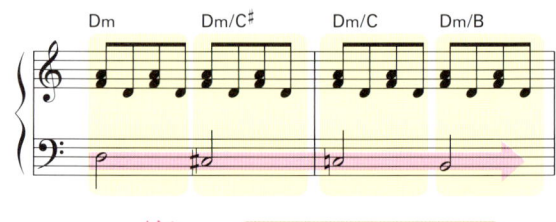

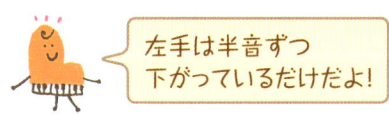

左手は半音ずつ下がっているだけだよ！

ポイント3 コード進行 F→G7→C と Dm→G7→C

曲の中間部、ここはF→G7→CとDm→G7→Cという進行が出てきます。初めのFとDmのコードが違いますね。でも、ぶっちゃけて言うと、この2つの進行はほとんど同じ。だから、F→G7→Cで弾いても、Dm→G7→Cで弾いても、どっちでも実はだいじょうぶ（試してみて！）。もちろんFとDmは違うコードなので響きは違いますから、どっちも覚えたほうがいいですけど。好みでいろいろ変えてもいいですよ。

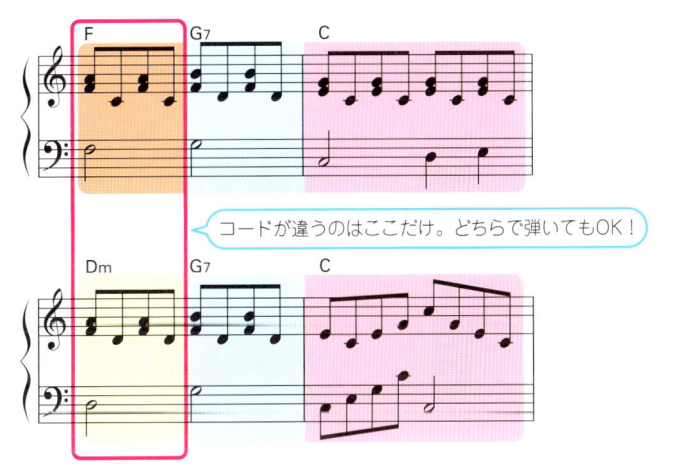

コードが違うのはここだけ。どちらで弾いてもOK！

ポイント4 外せないコード Dm→D7

いろいろ変えてもいいといっても、ここは外さないでほしいです。それまでのコードの進行の流れから、ここだけ変わってくる感じです。このD7の音1つでグッと世界が変わるんですよね。ここの和音は大切に弾きましょう。

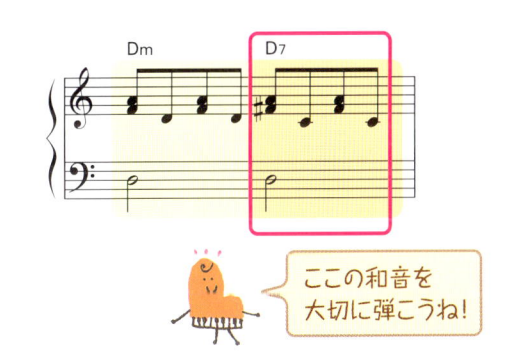

ここの和音を大切に弾こうね！

ポイント5 いちばん大切なフレーズ

F#dimというとんでもないコードが出てきました。この1個だけがんばってみて。和音の響きを大事にしたいので、2分音符にしました。ゆっくり大切に弾いてみてくださいね。音の不思議な感じをぜひ味わってみてください。

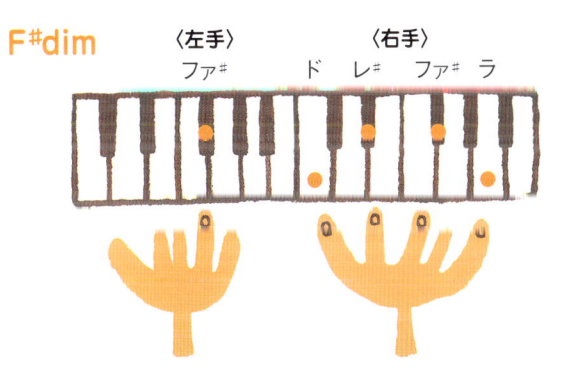

F#dim　〈左手〉ファ#　〈右手〉ド レ# ファ# ラ

一年生マーチ 〜卒園ソングとしても！

コードが6個以上で世界が広がる！

作詞・作曲／新沢としひこ

楽しくて、元気な卒園式向けの歌です。♭が1つのへ長調ですが、黒鍵はちょっとしか（シの音が♭になるだけ）出てこないので安心して弾いてみてください。

1. ランラララランー あたら しいみちをー げんき にあるいていけば しょうがっこう
2. ランラララランー あたら しいかぜとー いっしょ にあるいていけば しょうがっこう

ランラララランー あたら しいきもちー このむ ねにいっぱいだね いちねんせい
ランラララランー あたら しいであいー ドキド キがいっぱいだね いちねんせい

あおいそらは ひろびろと しろいくもは わくわくと

ポイント❶-A　ポイント❶-B　ポイント❶-C　ポイント❷

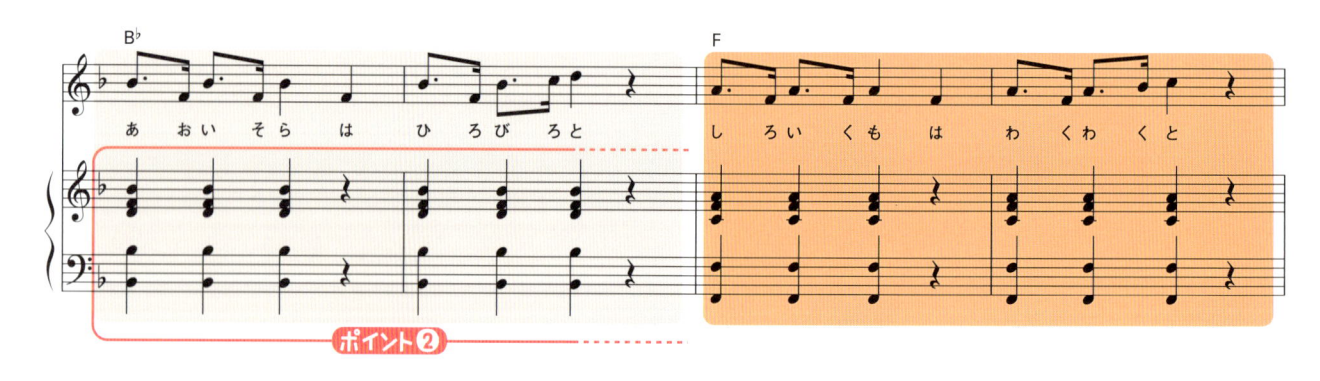

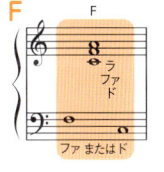

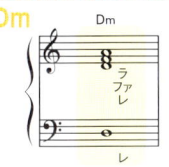

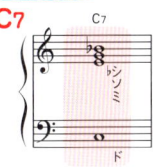

出てくるコード **F・B♭・Dm・Gm・C7・C・G**

F	B♭	Dm	Gm	C7
ラファド / ファまたはド	シファレ / シまたはファ	ラファレ / レ	シソレ / ソ	シソミ / ド

C	G
ソミド / ド	ソレシ / ソ

コードごとに色分けしているよ！
楽譜の色と同じ色のコードを弾こう！
押さえ方の例です

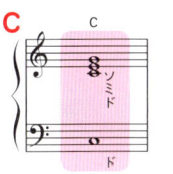

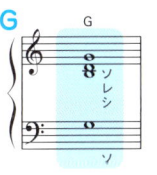

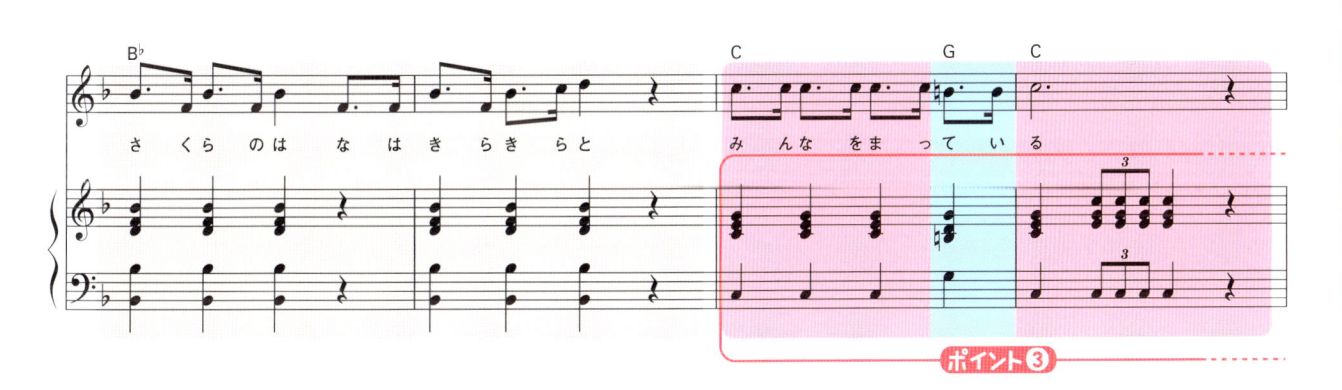

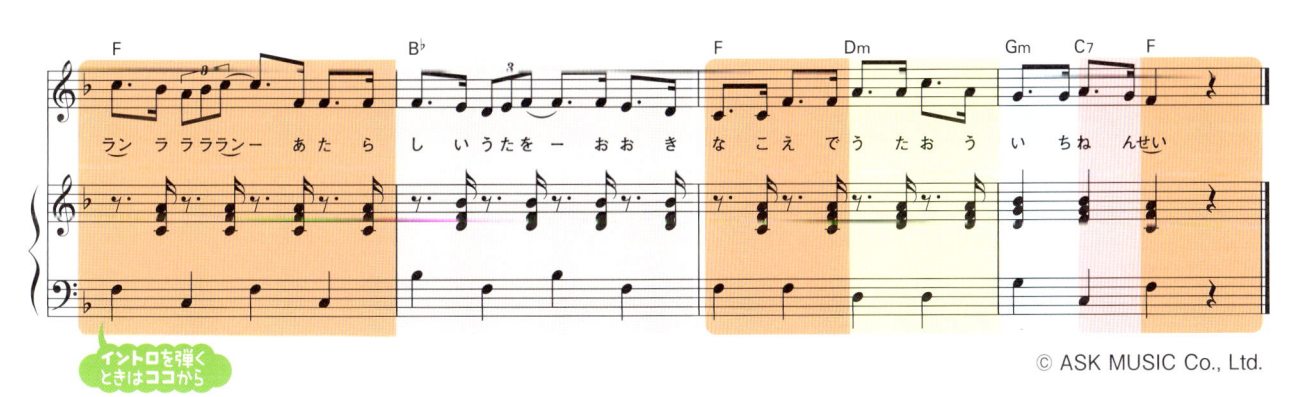

B♭ さくらのはなはきらきらと　C みんなをまっている G C

ポイント③

F ランラララン― B♭ あたら しいうたを― F おおき Dm なこえで Gm うたおう C7 いちねんせい F

イントロを弾くときはココから

© ASK MUSIC Co., Ltd.

弾くときのポイントは次のページ →

コードが**6個以上で**
世界が広がる！

一年生マーチ

上達のポイント！

この曲の伴奏は、行進曲なので、全体的に軽快に、リズムに乗って演奏するのが大切ですね。あとは、コード進行をいくつか弾けるように練習しましょう。

ポイント① 3つのコード進行をマスターしよう！

これらのコード進行をマスターすれば、この曲のほとんどが弾けたことになりますよ。ブン チャ ブン チャ のリズムで左手と右手を交互に、行進をイメージしながらリズムに乗って弾きましょう。

Ⓐ F→B♭

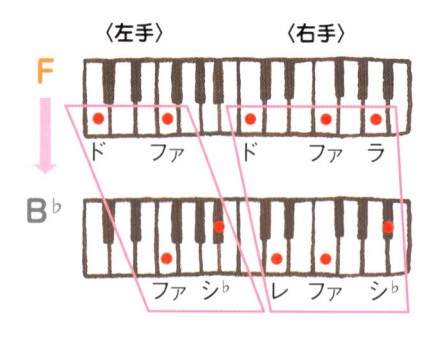

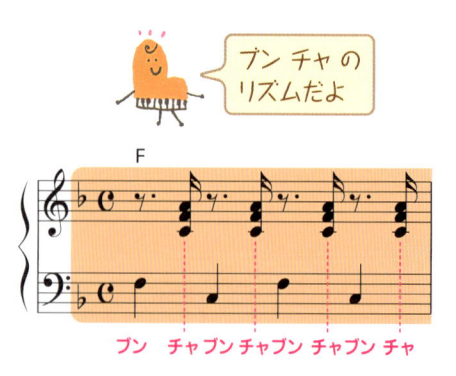

ⒷⒸ F→Dm→Gm→C7→F（Cのみ）

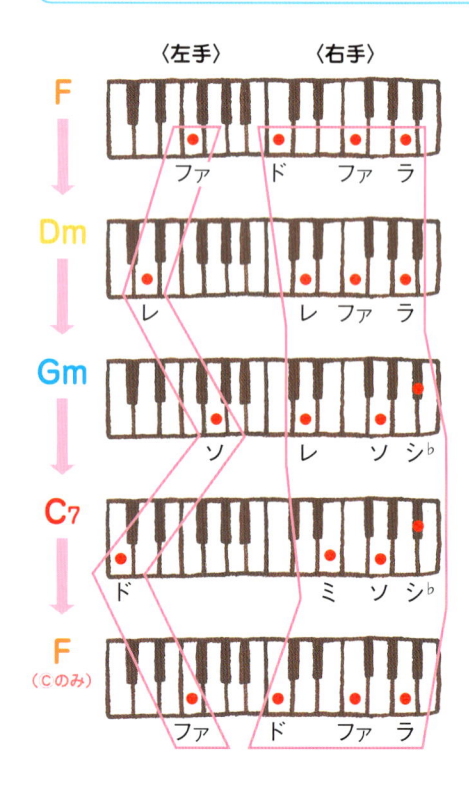

〈左手〉〈右手〉

F：ド ファ ／ ド ファ ラ
B♭：ファ シ♭ ／ レ ファ シ♭

ブン チャ のリズムだよ

ブン チャ ブン チャ ブン チャ ブン チャ

F：ファ ド ／ ファ ラ
Dm：レ ／ レ ファ ラ
Gm：ソ レ ／ ソ シ♭
C7：ド ／ ミ ソ シ♭
F（Cのみ）：ファ ド ／ ファ ラ

ポイント 2 ジャン ジャン ジャン と元気よく

ここは、今までに出てきているのですが、弾き方のリズムが変わっただけです。それも、とっても簡単になっています。左手と右手、同じリズムで **ジャン ジャン ジャン** と弾いて変化を出します。シンプルな分、マーチらしさを出して、調子よく元気に弾きましょう。

ポイント 3 スペシャルなコード進行　C→G→C

スペシャルは、1コーラスにつき一度しか出てこないので、ここはあきらめて、ただ覚えましょう。唯一、ナチュラル記号が出てくるところです。こういうところは印象的で、この歌の肝になっていますから、大切に、思い入れたっぷりに弾きましょう！

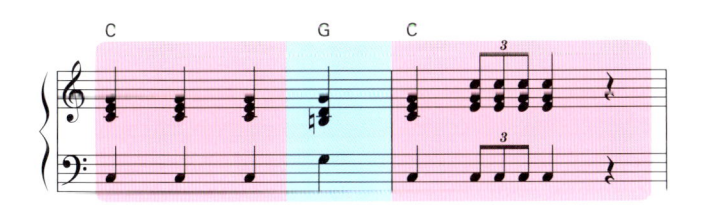

> スペシャルなだけに印象的なところだよ。思いを込めて弾いてね

にじ

作詞／新沢としひこ　作曲／中川ひろたか

ちょっとゆっくりめの歌なので、落ち着いて弾いてみましょう。簡単なんだけど難しい、かと思うとやっぱりすごく簡単、という不思議な歌なのです。さあ、がんばって挑戦してみましょう。

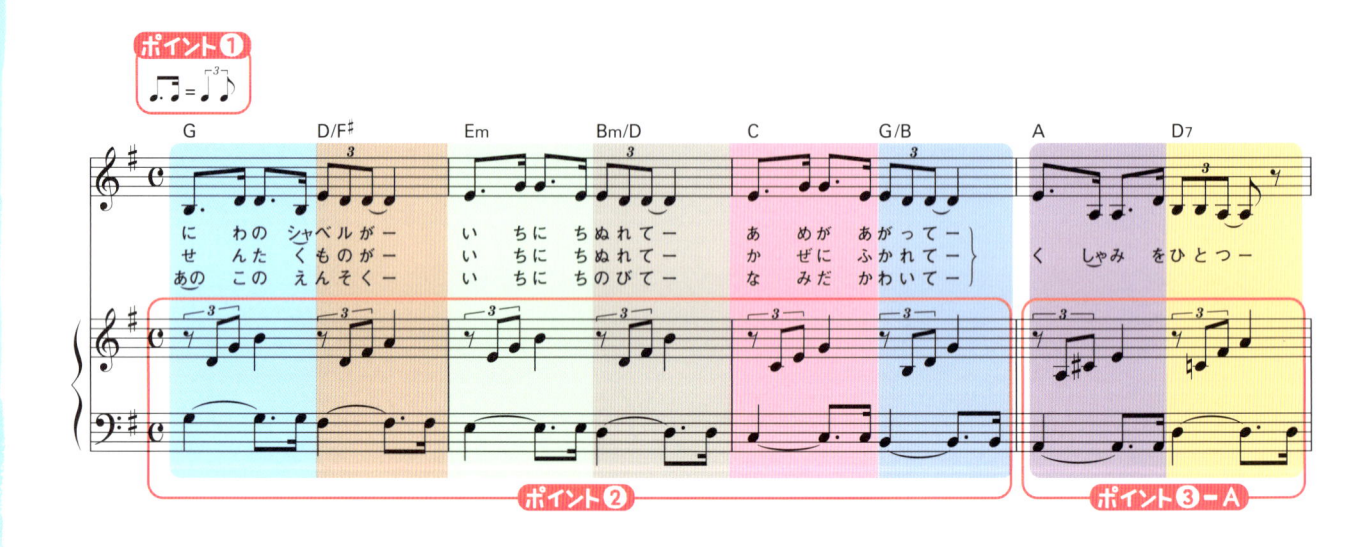

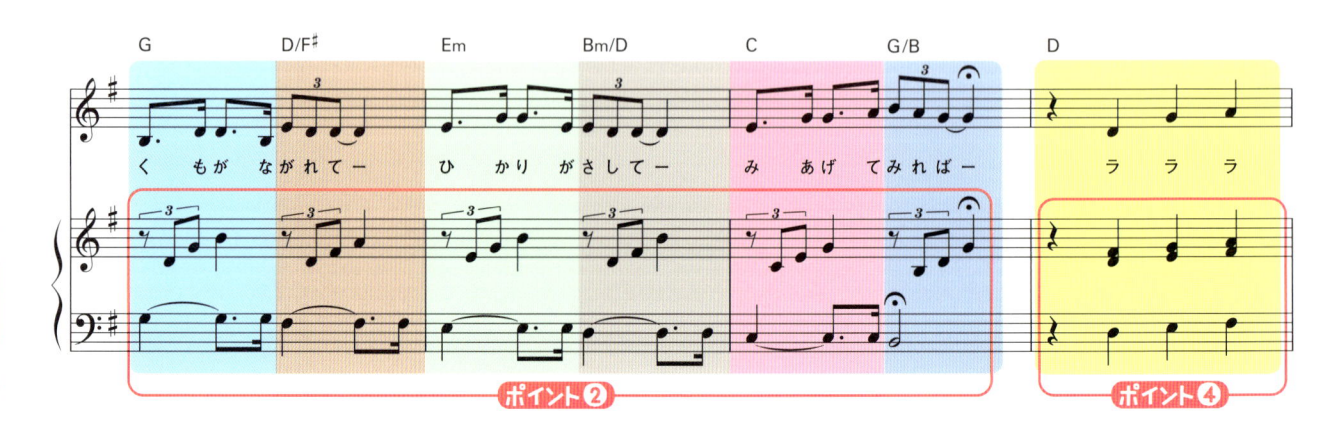

127

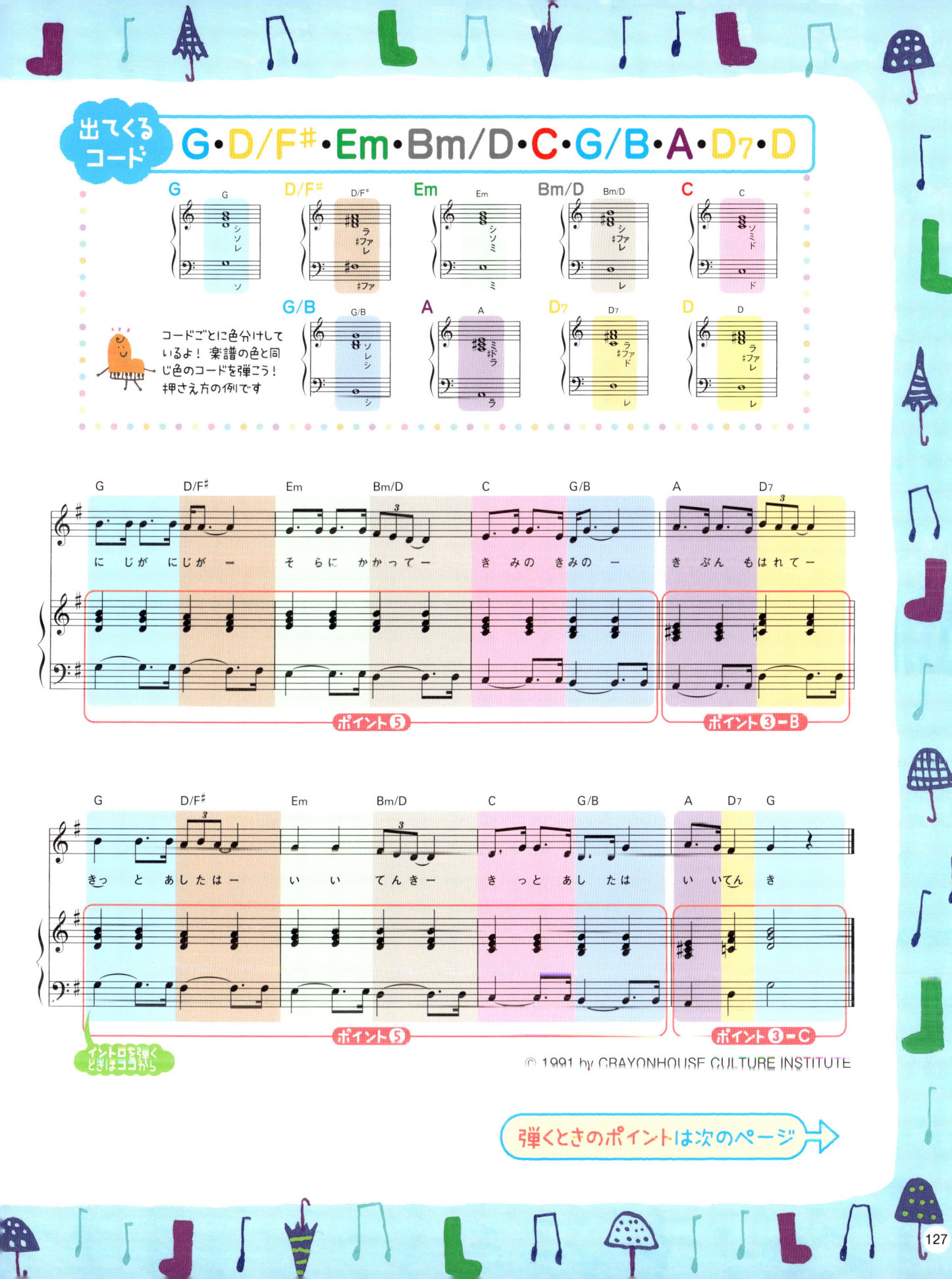

に じ

コードが6個以上で **世界が広がる!**

上達のポイント！

この曲はほとんど1つのコード進行でできているといってもいいくらい。なんと、最初の3小節と同じコード進行が4か所も出てきます。だから、その1つのコードだけでも弾けるように練習してくださいね。

ポイント❶ 付点の音符は3連符のリズムで

この歌は、シンプルに全部3連符なのだ、と考えてしまいましょう。**チャチャチャ チャチャチャ…**と3つずつの音でリズムが刻まれていると考えればいいと思います。歌詞に当てはめると　にーわ・のーシャ・ベルが・―――　といった感じです。付点の音符も全部このリズムに当てはめて考えましょう。

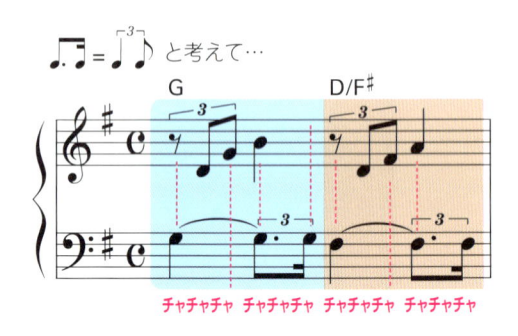

ポイント❷ オンコードも怖くない！

ここでは、**D/F♯**といったオンコード（分数コード）という、一見複雑なコードがいっぱい出てきます。これは右手は**D**のコードを、左手は**F♯**の音（つまり**ファ♯**）を弾く、という意味です。複雑に見えても、オンコードだからこそ、やさしい、ということもあるんですよ。

オンコードのときは、左手のベース音だけに着目すると、**G―F♯―Em―D―C―B**―となっています。もうおわかりですね。**ソーファ♯―ミーレ―ド―シ**―と、1音ずつ下がっているだけですね。ほら、楽譜を見るとそうなっているでしょう！　表記がちょっと複雑に見えるだけですよ。

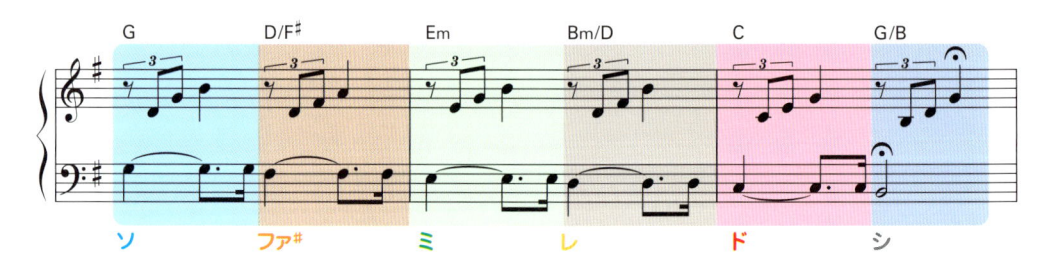

ポイント3 臨時記号に注意（ド♯）

　Aのコードの音は**ラド♯ミ**です。**ド♯**が入っているので、臨時記号の♯が楽譜に出てきます。ワンコーラスで3回出てくるので気をつけてください。臨時記号も、出てくるポイントがわかっていれば、怖くありません。**B**は**A**に対して、右手が和音を刻むようにしたものです。**C**は1小節の中に3つもコードが出てきますが、慌てずに落ち着いて弾いてみてください。

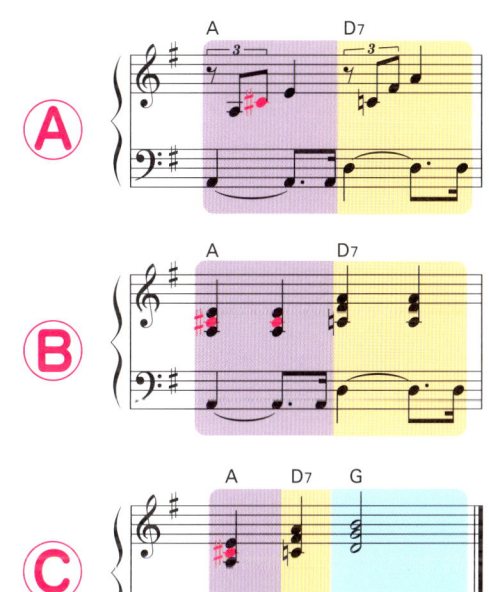

> ド♯が出てくるのは
> ワンコーラスに3回だけだよ

ポイント4 サビに入る前の大事な1小節

　ここの**D**のコードは1回しか出てきませんのでとても目だちます。メロディーに沿った伴奏ですので、歌に合わせて歌うように弾いてみてくださいね。サビに向かって盛り上げていくための大事なところです。右手も左手も1音ずつ上がっていくだけなので、難しくないですよ。

ポイント5 右手でリズムを刻むアレンジ

> 好みでいろいろ
> な弾き方に挑
> 戦してみてね

　ここは**ポイント2**を少しアレンジしただけのものです。コード進行も左手も同じです。右手をコード（和音）でリズムを刻むだけのシンプルなアレンジにしてみました。だから、**ポイント2**と入れ替えて弾いても、**ポイント2**のところもこのように弾いてしまっても問題ありませんよ。

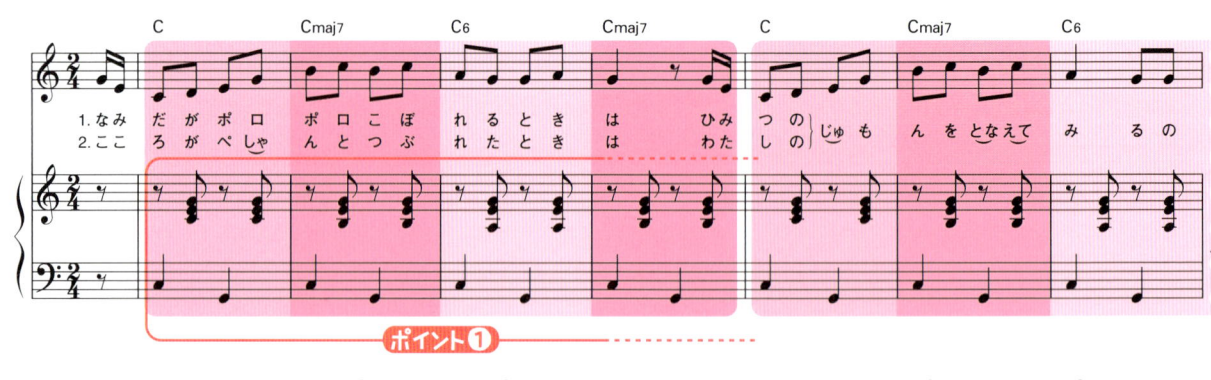

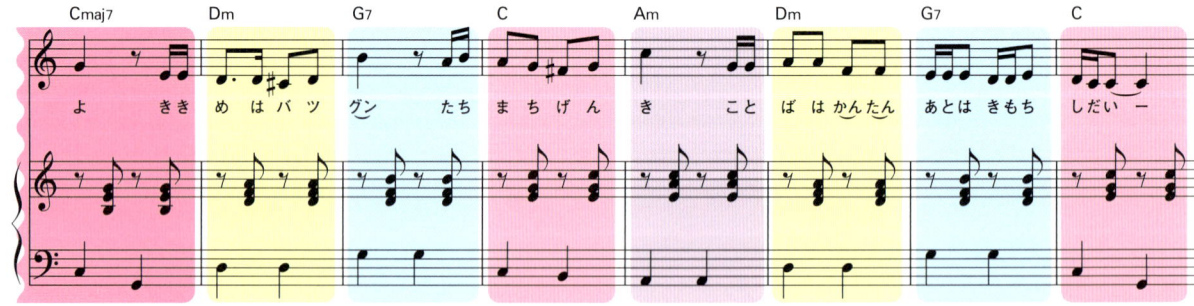

パワフルパワー

コードが6個以上で世界が広がる!

作詞／新沢としひこ　作曲／中川ひろたか

リズムが軽快でアップテンポの曲です。リズムに乗って最後まで弾き通すことが大事です。コケても、弾き損じても、止まったりせず、どんどん行く。どんどん進む。過去は過去、気にせず突き進むのがコツですよ。

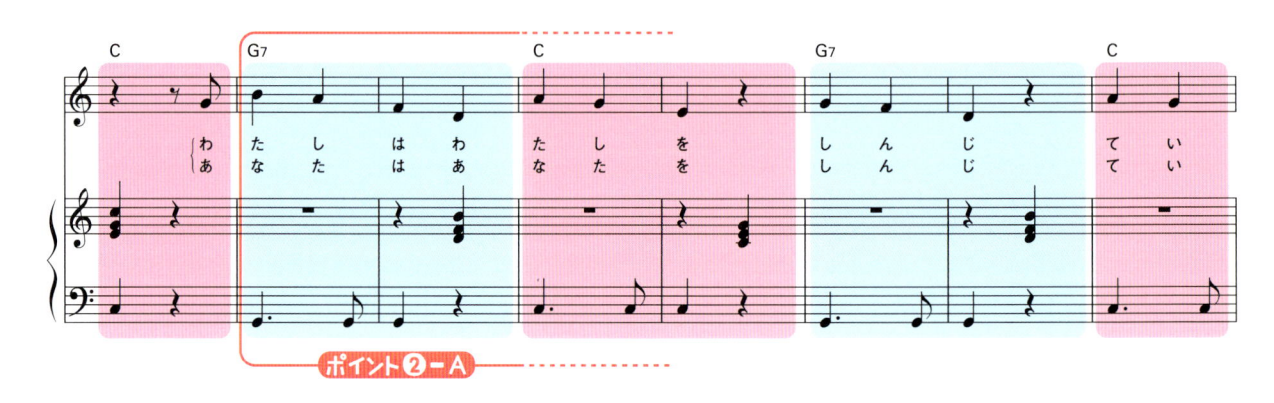

1. なみだが ボロボロ こぼれるときは ひみつのじゅもんを となえてみるの
2. ここ ろが ぺしゃんと つぶれたときは わたしのじゅもんを となえてみるの

よ ききめは バツグン たちまち げんき ことば は かんたん あとは きもち しだい ー

わ あ　た な　し た　は わ　あ　た な　し た　を わ　た　し を　　 しん　じ　て　しん　じ　て　い

ポイント①

ポイント②-A

出てくるコード　**C・Cmaj7・C6・Dm・G7・Am・D7・G・F・D**

コードごとに色分けしているよ！楽譜の色と同じ色のコードを弾こう！押さえ方の例です

ⓒ 1990 by CRAYONHOUSE CULTURE INSTITUTE

弾くときのポイントは次のページ →

コードが6個以上で世界が広がる！

パワフルパワー

上達のポイント！

ちょっと難しいポイントをいろいろと混ぜてみました。でも難しいところは簡単にしちゃってもよいですから、できるところだけでも、ぜひ挑戦してみてください。「難しいところは省略してごまかす」その精神でいきましょう（笑）。

ポイント① ブン チャ ブン チャ のリズムとおしゃれなコード

まずはリズム。全体を通して、この **ブン チャ ブン チャ** と左右交互に弾くのが基本のリズムです。途中で違うリズムが出てきますが、難しい…、と思った人は、この弾き方で最後まで押し通してもぜんぜん問題ないです。余裕が出てきたら、いろいろなパターンに挑戦してみてください。

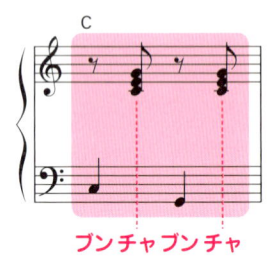

このリズムで最後まで弾いてもいいよ！

ブンチャブンチャ

次はコードを見ていきましょう。最初の4小節で、え、難しいコード…、無理かも…、と思ってしまったあなた。気持ちはわかります。**Cmaj7**や**C6**とか出てきちゃいましたから。挫折しそうな人は、最初の8小節は、1小節目の**C**の音符をずっと繰り返し弾いてください。ノープロブレムですよ。同じままではつまらない、と思った好奇心旺盛な人は、ぜひこの見慣れないコードに挑戦してみて！ 右手の親指が鍵盤を1つずつずれるだけですから、実は簡単。少しおしゃれな伴奏になりますから、覚えたらお得です。

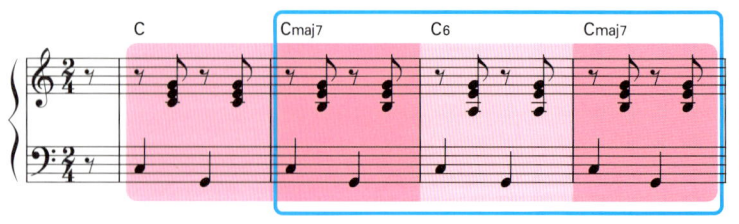

難しいときはこの弾き方で ➡

1小節目のCを繰り返す

ポイント2 ドッ ド ドン パン のリズム

ポイント❶の基本リズムパターンを中盤で変えたいので、ⒶとⒷのあえて2種類のリズムを載せてみました。どっちの弾き方でもよいです。Ⓐは右手がお休みすることが多いです。ドッ ド ドン パン ドッ ド ドン パン という感じのリズムですね。右手で弾くのは パン のときだけ。Ⓑは右手と左手のリズムが同じですから、とても簡単ですね。ドッ ド ドン という感じのリズムです。

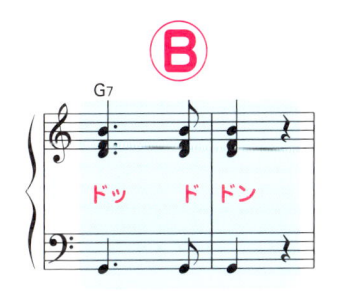

Ⓐ G7
ドッ　ド　ドン　パン

Ⓑ G7
ドッ　ド　ドン

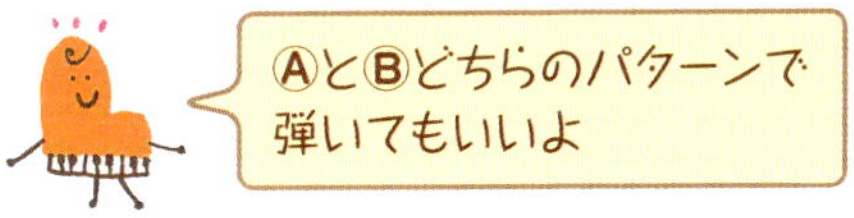

> ⒶとⒷどちらのパターンで弾いてもいいよ

ポイント3 ポイント4 サビを盛り上げるつなぎのフレーズ

ここはやってみたい人だけ挑戦してみてください。ポイント❸はサビにつなげていくところですね。期待感を高めていきます。入れなくてもよいのですが、入れると盛り上がります。ポイント❹は、ふつうにCのコードを弾いているだけでもだいじょうぶです。でも、ちょこっとこういうつなぎのフレーズを入れると、ピアノがうまく聞こえるものですよ。

ポイント3 G

ポイント4 C 〔CからFにつなげるフレーズ〕

133

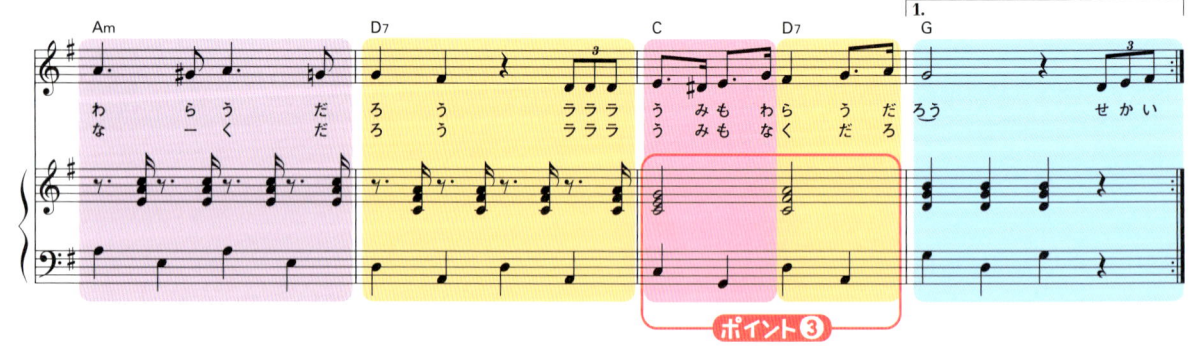

世界中のこどもたちが

作詞／新沢としひこ　作曲／中川ひろたか

コードが6個以上で**世界が広がる！**

ぼくが作詞した代表曲です。この曲はコードが多いけど、とっても簡単！ 勇気を持ってピアノに近づいていってほしいです。

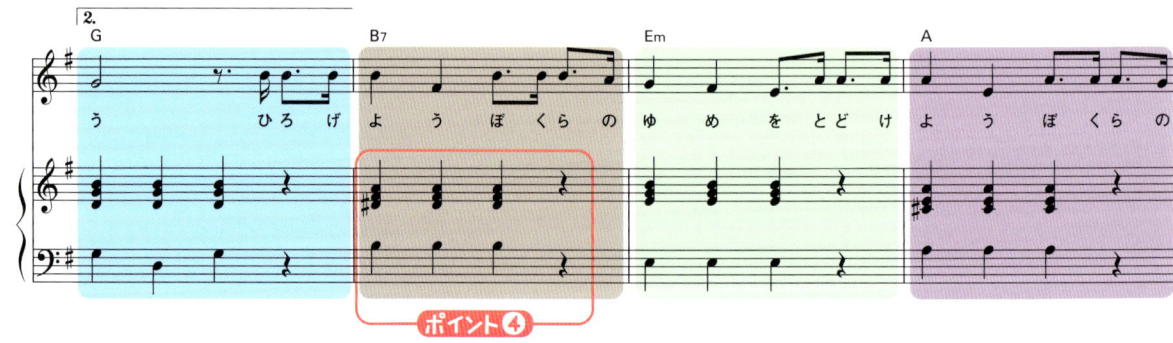

出てくるコード G・Am・D7・C・B7・Em・A

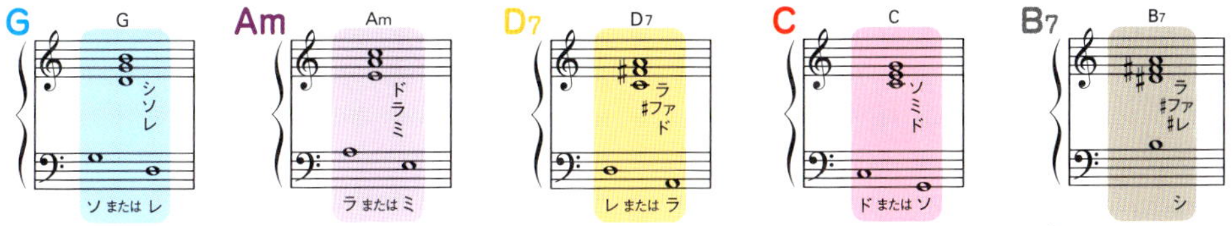

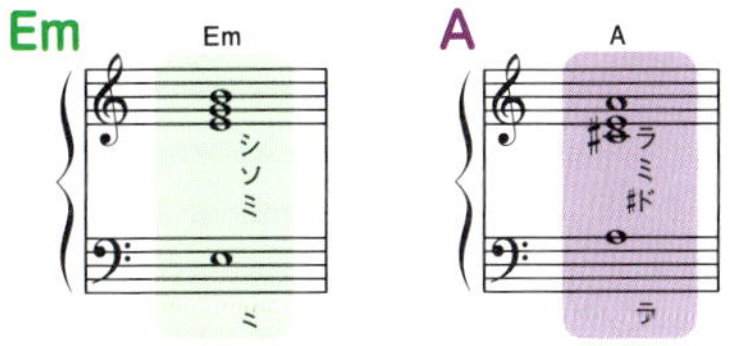

コードごとに色分けしているよ！
楽譜の色と同じ色のコードを弾こう！
押さえ方の例です

弾くときのポイントは次のページ

コードが6個以上で
世界が広がる！

ひろがるー

世界中のこどもたちが

上達のポイント！

コードの種類がやや多いですが、メロディーはおおらかでシンプルです。伴奏の形態はとっても簡単なので、だいじょうぶ！ 怖がらないで弾いてみてね。

ポイント① ズッチャ ズッチャ のリズムで

この曲のポイントは、**ズッチャ ズッチャ** のリズムです。**ズッ** が左手、**チャ** が右手です。このリズムでずっと歩いていく、と思ってください。そうやってどんどんどんどん元気良く歩き切ることが最大の目標です。

ズッチャズッチャズッチャズッチャ

ポイント② 楽譜どおりじゃなくてもOK！

Gのときは左手が **ソレソレ** の繰り返しですが、**Am** に移る直前の音だけ**ソ♯**にしました。ちょっとしたポイントになるので、マスターしてみてください。難しい人は **ソレソレ** のままでもだいじょうぶ。手抜き方法を知っていくのも、ピアノ嫌いにならないコツです。

G ソ レ ソ ソ♯

難しいときはこの弾き方で

ソ レ ソ レ

ポイント③ リズムを簡単にして変化をつける

単調な感じから変化をつけたいときには、より簡単にして変化をつけるという方法があります。それまでは **ズッチャズッチャ** のリズムでしたが、ここで、**ダーンダーン** と右手を楽にしちゃいましょう。それだけで、なんか変わった、という感じになりますよ。

136

ポイント4 B7のコードを覚えてレベルアップ

このB7は黒鍵も多く、見慣れないコード。それだけ印象的な響きを持っています。コードを1つ覚えると、世界（レパートリー）が1つ広がる、怖いものが1つずつ減っていく、と考えましょう。アドベンチャーゲームみたいなものです。主人公はコードを1つマスターするとレベルアップしていって、だんだん強敵でもだいじょうぶになっていくのです。

B7　シ　レ♯　ファ♯　ラ

ポイント5 ♪♪♪♪でアレンジ

ちょっとはでな変化をつけるために **ダダダダン** と連打するアレンジを入れてみました。勢いをつけて、力強く思い切って弾いてみましょう。ここだけ遅くなってしまう、という人は潔く今回はやめましょう。それまでと同じように弾いてもまったく問題ありません。こっそり練習してできるようになったら、入れていきましょうね。

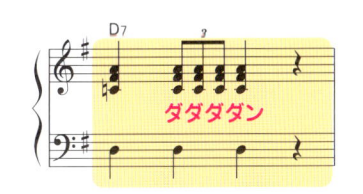

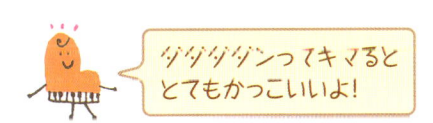

ダダダダンってキマるととてもかっこいいよ！

ポイント6 曲の終わりは気持ちを込めて

終わりのところは、どんなアレンジでも、弾く人が「終わりだよ」というメッセージを込めて終わりらしく弾き切ることが大切です。それはテクニックではなく、心意気の問題。「みんなよく歌いきったねえ」という思いが、ピアノに表れるのがよい伴奏です。最後に「みんな最後まで歌ってくれてありがとう」と気持ちを込めて弾くことをおすすめします。

よく歌いきったねえ

まだまだあるよ！ 新沢としひこのミラクルアドバイスおまけ

おまけ その❶

体でコードを覚えよう

まだコードに慣れていない人は、こんなふうに練習してみてください。ピアノの前に座って「C（シー！）」「F（エフー！）」「G（ジー！）」などと言いながら、それぞれの音を弾いてみるんです。ちょっとバカみたいな練習ですが、こういう単純な練習が、非常に大事です。とにかくコードは体で覚えることが大事なんですね。準備体操だと思って何度もやってみましょう。

おまけ その❷

楽譜の色分けに注目しよう！ 何かが見えてくるよ！

楽譜をコードごとに色分けをしているのは、見やすくするのと同時に全体の構成を把握しやすくしているんです。色のパターンが、まるで模様みたいでしょ。コードの流れには繰り返しが多いことに気づいてほしいので、このようにしてみたのです。そのことに気づくだけで、グッと気持ちが楽になっちゃうのでした。

よく見てみたら、色の順番が4小節ごとに同じ繰り返しになっているところも多いんです。つまり、そこは同じように弾けばいいということなんですね。何だか簡単そうに思えてくるでしょ。そう、まずは楽譜に気持ちで負けないこと。簡単になるポイントをたくさん見つけて、コレハカンタンコレハカンタン、とおまじないをかけて弾いてみましょう。

このようにして、歌を選ぶときも、楽譜全体のコードの流れに注目すれば、あ、これはピアノが楽かも、とわかるようになりますよ。

> コードの流れ、つまりコード進行が見えてくるよ！

おまけ その❸

右手と左手バラバラなら弾けるけど、いっしょにするとできない…という人へ

こういうのは慣れしかないです。慣れてしまうとなんでもなかったりします。まずは、左手だけ、右手だけでたくさん練習してみましょう。そして得意なほうを基本にして、だんだん合わせていく練習をするといいですね。不完全な形でもリズムを止めずに、できるところだけ音を出しながら、繰り返して練習してみましょう。繰り返し弾いていると、だんだんできるようになるものです。

> まずは片手ずつ練習。それが早道だよ

おまけ その❹

イヤだと思ったら弾かない！？

ピアノが嫌いな人は、実はピアノが嫌いなんじゃなくて、楽譜が嫌いということが多いんですね。たいてい弾く前に楽譜を見て「うわ、難しそう…」と思ってしまい、いやになってしまうんです。実はぼくも楽譜は大の苦手。初見でピアノを弾くなんて簡単な楽譜でも絶対に無理！ それでこんなレッスンをしているのは変な話なのですが、こんなぼくだからこそできる講座でもあるわけですね。だからだいじょうぶですよ。ピアノが大っ嫌いなあなたでもきっと弾けますから。

その第一歩、イヤだと思ったら弾かない！ 矛盾しているみたいですが、弾きたくないときはしょうがないんです。弾けそう…と思うものから弾いてみてください。このリズムだったらだいじょうぶ、というものがあれば、全部それでかまいません。弾きたくないのに無理にがんばって、ピアノを嫌いにならないでくださいね。

難しい伴奏をつらそうに弾くよりも、簡単な伴奏を軽やかに楽しく弾いたほうが、子どもたちにとっても絶対にいいんです。慣れてきて、難しい弾き方もしてみたいなぁと、しぜんに自分で思えてくることがとっても大事ですよ。

> 難しいからやーめた！
> 弾けそうなところからしちゃえ！

おまけ その❺

ピアノと友達になろう！

ピアノ伴奏は、いくらでも難しく弾けるものですが、とっても簡単にも弾けるんです。難しい楽譜に無謀にチャレンジして玉砕して、そのままトラウマになってしまった、恐怖症になってしまった、という人がたくさんいます。それは本当にもったいない話です。ピアノは恐くありません。指を置いてみれば、音を奏でてくれる、すてきな友達です。

もっとピアノを気楽に弾いてもらいたいです。おたまじゃくしをひとつひとつ一生懸命に拾っていくのも大切なんですが、そのことでピアノが負担になったり、めんどうくさくなったりして嫌いになってしまうのは、あまりにももったいない。もっと簡単に、楽しく、楽チンに弾けるのだ、ということを、ぜひ体験してもらいたいのです。

先生が楽しくピアノを弾いていれば、子どもたちだって楽しいのです。ピアノと楽しく付き合って、弾いてくださいね！

コード一覧

コードについて この本の楽譜にも出てくる基本的なコードです。音の順番は最も基本的なものを紹介しています。P.10の説明にもあるように、コードの音さえ押さえていれば、音の順番は変えても問題ありません。

	メジャー・コード	マイナー・コード	セブンス・コード
C (ド)	シー **C**	シー・マイナー **Cm**	シー・セブンス **C7**
D (レ)	ディー **D**	ディー・マイナー **Dm**	ディー・セブンス **D7**
E (ミ)	イー **E**	イー・マイナー **Em**	イー・セブンス **E7**
F (ファ)	エフ **F**	エフ・マイナー **Fm**	エフ・セブンス **F7**
G (ソ)	ジー **G**	ジー・マイナー **Gm**	ジー・セブンス **G7**
A (ラ)	エー **A**	エー・マイナー **Am**	エー・セブンス **A7**
B (シ)	ビー **B**	ビー・マイナー **Bm**	ビー・セブンス **B7**

この本の楽譜の中では、メロディーや弾きやすさによって音の順番を変えているものもたくさん出てきます。

【例】Cの場合…
ドと**ミ**と**ソ**を押さえていれば、右手は**ドミソ**でも**ミソド**でも**ソドミ**でもだいじょうぶ。左手は、基本的には**ド**を押さえていればOK。場合によってはほかの音を使うこともあるよ。

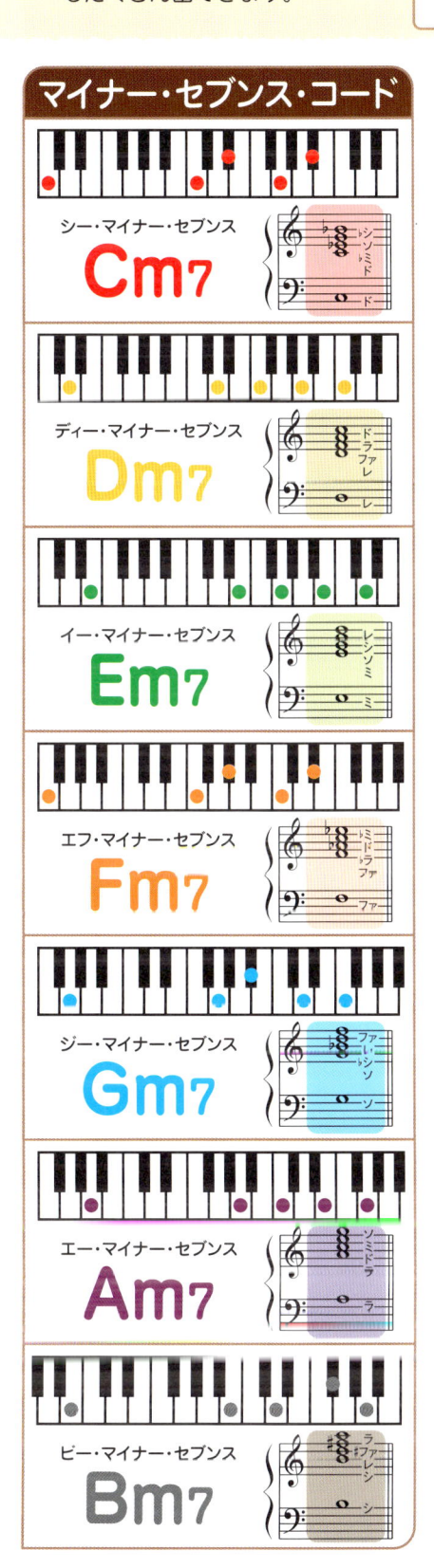

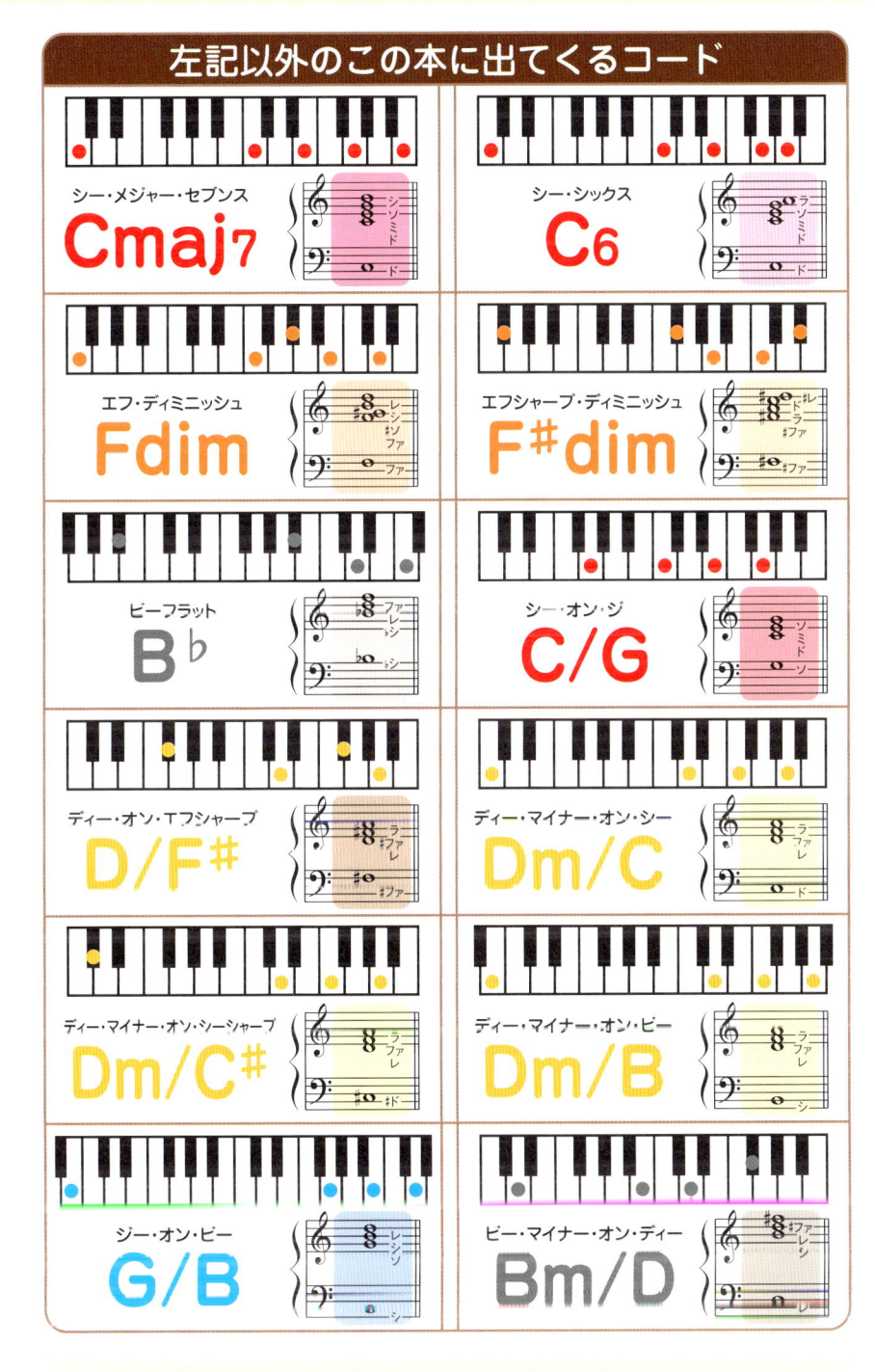

マイナー・セブンス・コード

Cm7 シー・マイナー・セブンス

Dm7 ディー・マイナー・セブンス

Em7 イー・マイナー・セブンス

Fm7 エフ・マイナー・セブンス

Gm7 ジー・マイナー・セブンス

Am7 エー・マイナー・セブンス

Bm7 ビー・マイナー・セブンス

左記以外のこの本に出てくるコード

Cmaj7 シー・メジャー・セブンス

C6 シー・シックス

Fdim エフ・ディミニッシュ

F#dim エフシャープ・ディミニッシュ

B♭ ビーフラット

C/G シー・オン・ジ

D/F# ディー・オン・エフシャープ

Dm/C ディー・マイナー・オン・シー

Dm/C# ディー・マイナー・オン・シーシャープ

Dm/B ディー・マイナー・オン・ビー

G/B ジー・オン・ビー

Bm/D ビー・マイナー・オン・ディー

オンコード（分数コード）について

言葉のとおり、分数の形になっているコードです。C/G、ConGなどと表記されます。C/Gの場合、右手は分子であるCのコード（**ドミソ**）で、左手は分母のGの音（つまり**ソ**）を弾くという意味を表しています。

141

基本的な音楽記号

この本の中では出てこないものもありますが、一般的によく見る基本的な音楽記号とその意味です。

✳ 音符・休符の長さ

音符の種類		4分音符を基準としたときの長さ	休符の種類	
𝅝	全音符	4	𝄻	全休符
𝅗𝅥	2分音符	2	𝄼	2分休符
♩	4分音符	1	𝄽	4分休符
♪	8分音符	$\frac{1}{2}$	𝄾	8分休符
𝅘𝅥𝅯	16分音符	$\frac{1}{4}$	𝄿	16分休符
𝅝.	付点全音符	4 + 2	𝄻.	付点全休符
𝅗𝅥.	付点2分音符	2 + 1	𝄼.	付点2分休符
♩.	付点4分音符	$1 + \frac{1}{2}$	𝄽.	付点4分休符
♪.	付点8分音符	$\frac{1}{2} + \frac{1}{4}$	𝄾.	付点8分休符

音符の長さについて

- ♩ + ♩ = 𝅗𝅥
- ♪ + ♪ = ♩
- 𝅘𝅥𝅯 + 𝅘𝅥𝅯 = ♪
- 𝅝. = 𝅝 + 𝅗𝅥
- 𝅗𝅥. = 𝅗𝅥 + ♩
- ♩. = ♩ + ♪
- ♪. = ♪ + 𝅘𝅥𝅯

✳ 強弱記号

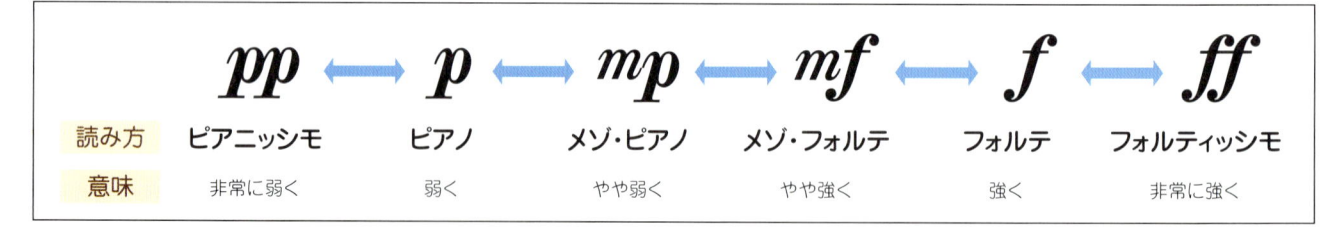

pp ⟷ **p** ⟷ **mp** ⟷ **mf** ⟷ **f** ⟷ **ff**

読み方	ピアニッシモ	ピアノ	メゾ・ピアノ	メゾ・フォルテ	フォルテ	フォルティッシモ
意味	非常に弱く	弱く	やや弱く	やや強く	強く	非常に強く

✳ 拍子記号

記号	読み方	意味
4/4 / C	4分の4拍子	1小節が4分音符4つでできている拍子
2/4	4分の2拍子	1小節が4分音符2つでできている拍子
3/4	4分の3拍子	1小節が4分音符3つでできている拍子
6/8	8分の6拍子	1小節が8分音符6つでできている拍子

✳ 速度表記

記号	読み方	意味
Adagio	アダージョ	緩やかに、遅く
a tempo	ア・テンポ	もとの速さで
Allegretto	アレグレット	やや速く、アレグロよりやや遅く
Allegro	アレグロ	陽気に、速く
Andante	アンダンテ	やや遅く
Moderato	モデラート	中ぐらいの速さで
Largo	ラルゴ	おおらかに、遅く
ritardando (rit.)	リタルダンド	次第に遅く

＊よく使われる音楽記号

記号	読み方	意味
♪♪♪ (3連符)	3連符	4分音符1拍の長さを3等分した音符
♯	シャープ	半音高く
♭	フラット	半音低く
♮	ナチュラル	♯や♭が付いていたものを元に戻して
crescendo (cresc.)	クレッシェンド	だんだん強く
decrescendo (decresc.)	デクレッシェンド	だんだん弱く

記号	読み方	意味
𝄐	フェルマータ	ほどよく伸ばす
♩.	スタッカート	音を短く切って
♩−	テヌート	音の長さを十分に保って
(タイ)	タイ	同じ高さの2つの音をつなげて1つの音に
(スラー)	スラー	違う高さの2音以上を滑らかに
8va	オクターブ	1オクターブ高い音

＊繰り返し記号

記号	読み方	意味
‖: :‖	リピート・マーク	記号の間を繰り返す
1. / 2.	1番カッコ / 2番カッコ	最初は1番カッコを演奏し、繰り返しのときには1番カッコを飛ばして2番カッコを演奏する
D.S.	ダル・セーニョ	𝄋(セーニョ)の位置に戻る
D.C.	ダ・カーポ	曲の初めに戻る
⊕ Coda	コーダ	to ⊕ から ⊕ Coda に移動する
Fine	フィーネ	演奏終わり

繰り返し記号の使用例

演奏順 1→2→3→2→3→4

演奏順 1→2→3→4→2→3→5

D.C. Fine

演奏順 1→2→3→4→1→2
(Fineがなければ) 1→2→3→4→1→2→3→4

D.S. ⊕ Coda

演奏順 1→2→3→4→5→6→3→4→7

著・ピアノアレンジ／新沢としひこ

シンガーソングライター。学生時代よりライブハウスで音楽活動を始める。東京都内の保育園で保育者を経験後、子どもの歌を作り始め、ＣＤや楽譜集を発表。その中の代表作『世界中のこどもたちが』は小学校の音楽の教科書にも採用された。
1991年デュオグループ「Mr.ユニット」でＣＤデビュー。解散後、ソロを中心にした活動を開始する。現在はソロ・コンサートをはじめ、保育者講習の講師、ケロポンズ・中川ひろたか・工藤直子とのジョイントコンサートなど、年間多くのステージをこなす。ＣＤ制作をはじめ、雑誌にエッセイの発表、絵本の出版などマルチに才能を発揮している。

ホームページ　http://ask7.jp

著書（いずれも、ひかりのくに刊）
[絵本]
　『それは すばらしい なつの あるひ』（あべ弘士／絵）
　『ともだち いっぱい』（大島妙子／絵）
　『うれしいが いっぱい』（大島妙子／絵）
[保育図書]
　『新沢としひこのハッピーピアノソングス』
　『新沢としひこの歌ってコミュニケーション！！』

※本書は、月刊『保育とカリキュラム』2008年4月号～2011年3月号までの連載『新沢としひこの超カンタンミラクルピアノレッスン』をベースに編集し、単行本化したものです。

STAFF
- 表紙デザイン／柳田尚美（N/Y graphics）
- 表紙・本文イラスト／すがわらけいこ
- 本文デザイン・編集協力／（株）どりむ社
- 楽譜浄書／クラフトーン
- 企画・編集／藤濤芳恵・安藤憲志
- 校正／堀田浩之

保カリ BOOKS⑬
新沢としひこの かならず弾けちゃう！ ピアノ伴奏譜

2011年10月　初版発行
2017年7月　4版発行

著　者　新沢 としひこ
発行人　岡本 功
発行所　ひかりのくに株式会社
〒543-0001　大阪市天王寺区上本町3-2-14　郵便振替00920-2-118855　TEL06-6768-1155
〒175-0082　東京都板橋区高島平6-1-1　郵便振替00150-0-30666　TEL03-3979-3112
http://www.hikarinokuni.co.jp
印刷所　凸版印刷株式会社

ⓒ2011　乱丁、落丁はお取り替えいたします。　　　　　　　　　　　Printed in Japan
JASRAC　出1111335-704　　　　　　　　　　　　　　　　ISBN978-4-564-60800-1　C3037
　　　　　　　　　　　　　　　　　　　　　　　　　　　　　　NDC376　144P　26×21cm

本書のコピー、スキャン、デジタル化等の無断複製は著作権法上での例外を除き禁じられています。本書を代行業者等の第三者に依頼してスキャンやデジタル化することは、たとえ個人や家庭内の利用であっても著作権法上認められておりません。